토마토 파르티잔

달을쏘다 시선 *021*

제9회 동주문학상 수상시집

토마토 파르티잔

달을쏘다 시선 021

1쇄 발행 2024년 11월 29일
2쇄 발행 2025년 4월 1일

지은이 원도이
펴낸이 문정영
펴낸곳 도서출판 달을쏘다
편집위원 이혜미 정현우
등록번호 제2019-000003호
등록일자 2019년 1월 10일
주소 03131 서울특별시 종로구 율곡로 6길 36. 월드오피스텔 1102호
전화 02-764-8722, 010-8894-8722
전자우편 dalssoo@hanmail.net

ISBN 979-11-92379-20-3 (03810) 종이책
ISBN 979-11-92379-21-0 (05810) 전자책

값 12,000원

· 이 책의 전부 또는 일부 내용을 재사용하려면 반드시 저작권자와 도서출판 달을쏘다의 동의를 받아야 합니다.

· 이 도서의 국립중앙도서관 출판시도서목록(CIP)은 서지정보유통지원시스템 홈페이지 (http://seoji.nl.go.kr)와 국가자료공동목록시스템(http://www.nl.go.kr/kolisnet)에서 이용하실 수 있습니다.

· 저자의 의도에 따라 작품의 보조 동사와 합성 명사는 띄어쓰기가 달라질 수 있습니다.

· 본문 페이지에서 한 연이 첫 번째 행에서 시작될 때에는 〈 표기를 합니다.

· 이 시집은 교보문고와 연계하여 전자책으로도 발간되었습니다.

토마토 파르티잔

원도이 시집

시인의 말

토마토는 식탁 위의 파르티잔이야
아니, 주방의 게릴라야
당신의 왼쪽은 왜 붉지 않은가
아주 많은 날 우리는 토마토를 던지고 으깨는 데 소비했다

2024.
늦가을 원도이

■ 차 례

1부 토마토 거리

그네	13
토마토 거리	14
칼과 당근	16
골목과 냉동고	18
유리창	21
돌	22
슬픔과 칼집	24
레레의 집	26
다리미와 스팀	28
얼룩말	30
공원과 이별	32
겨울비	35
피아노	36
한여름의 기분	38
그리고 지금 탁자는 텅 비었다	40

2부 토마토 축제

토마토 축제	45
새와 바다 사이에 구두가 있었다	46
겨울 숲	48
저물어서	50
기념일	52
사과	54
여름의 생각	56
여섯 번째 상자	58
여름	60
저녁	62
흰 꽃의 마을	64
공	66
오후쯤 사과	68
우산	70

3부 토마토 파르티잔

서랍	75
화이트 하우스	76
토마토 파르티잔	78
식탁은 시들고	80
태양	82
당나귀	84
스트라이프 패턴	86
오디의 시간	88
키위	90
새아버지 만드는 방법	92
벽	94
그림자	96
휴게소	98
게스트하우스	100

4부 토마토 목소리

히바에서 부하라까지 105
나는 나뭇잎과 풀을 경배한다 오직
   그들만이 초록을 만들 수 있기 때문이다 108
사진 110
물 112
사막 114
그림자놀이 116
공갈빵 118
당진 혹은 당신 120
유리벽 122
방울토마토 124
속보 126
검은 장마의 밤 128
시계 130

해설 – 심장이 뛰는 시차적 방식 133
고광식(문학평론가)

1부

토마토 거리

그네

발이 닿지 않아서
바닥이 사라져서 좋습니다
흔들려서
흔들리기 좋아서
한시도 멈추지 않아서
멈출 수가 없어서
앞으로 뒤로 꼭 그만큼만 가고
그만큼만 돌아와서
물러나도 더 물러설 수 없어서
물러난 곳이 하늘이어서
공중에 매달려서
날 수 있어서
아주 잠시 나비가 되어서
아이가 되고 놀이가 되고
구름이 되어서
그리고 지상에 닿았을 때
잠시, 어지러워서 좋습니다

토마토 거리

벽을 쌓읍시다 아니, 벽을 삶읍시다 토마토처럼
벽도 빨갛게 익어갑니다 잘 누르면 으깨지기도 합니다 벽을 말랑말랑하게 가꾸는 일입니다

잘 삶은 벽을 접시에 담아 식탁에 놓고 마주 앉아 오물오물 씹는 시간을 다정한 저녁 식사라고 해봅시다
토마토처럼 흐물흐물해진 벽 앞에서
우리는 잠시 입을 맞춥니다

입속에서도 토마토는 자랍니다
줄기는 벽을 타고 오를까요 우리는 잠시 채소이거나 과일이거나

상관없습니다 벽은 토마토를 알지 못합니다
토마토의 심장에 씨앗이 들어 있다는 걸 씨앗은 아주 작고 보드랍다는 걸
씨앗도 붉다는 걸

벽과 토마토의 거리는 유동적입니다

어느 오후 나뭇잎 끝에서 떨어지는 빗물의 기분에 따라 흘러다닙니다
빗물이 벽을 타고 흘러내리는 기분과 토마토에서 둥글게 떨어져 내리는 기분은 다를까요

담벼락 아래 토마토 한 주를 심어볼까요
토마토가 자랄 때마다 누군가는 담벼락의 마음을 읽을 수 있지 않을까요

토마토를 삶읍시다 아니, 쌓읍시다
토마토 상자에 탄탄한 토마토부터 쌓으며

우리는 잠시 토마토로 쌓은 거리를 이야기했습니다

칼과 당근

칼이 자른 수많은 향기로 칼날은 번득인다

당신은 아침마다 당근을 깎아낸다
당근은 오전 9시처럼 반듯해지고 깎아 낸 여섯 개의 면과 열두 개의 모서리를 가진 나의 후각은 뾰족해지고
빨갛게 흘러 다니는 향기만큼 칼날은 환해질 것이다

칼질을 좋아하는 당근은 지구처럼 굴러갈 수 없는데 지구는 점점 더 둥글어지고 싶을까
아직도 지구가 더 둥글어지도록 누군가 깎아내고 있을까
지구의 맨 끝에는 어떤 감정이 우리를 기다리고 있을까

자를수록 깨어나고 씹을수록 가득해지는 향기가 있다

스물여덟 개의 칼을 머금은 당신이
당근을 위해 할 수 있는 일은 최선을 다해 자르는 일 곰곰 씹는 일
그리고 자신의 칼을 간직하는 일
〈

당신의 몸속에는 이름 모를 칼들이 가득하다
당신은 칼 하나를 쥐고 아침마다 향기를 궁리한다
칼이 썰었던 수많은 향기로 당신은 이제 주황색이 되는 걸까
당근의 오후처럼 샤프해지는 걸까

온전하게 밝아질 수 있다면
백 년 동안 당근을 깎았다는 어느 무사의 칼에서 향기로운 청동의 녹 냄새를 맡을지도 모른다

딱 잘라서
칼의 측면은 샤프하다

골목과 냉동고

그 골목은 지금쯤 어디에 있을까요

골목은 만 년 전부터 얼어 있었죠
어떤 요리의 재료로도 꿈꿀 수 없는 것들은 냉동시켜야 하죠
만년설 저편에서 녹아내리지 않도록 깊숙이 넣어야 하죠

어느 날 냉동고 틈으로 물이 흐릅니다
누리끼리하고 푸르스름한 죽은 자의 물 같은 물이었죠
수리기사도 고장의 이유를 설명하지 못한 그 골목은 어디에 있을까요
가면을 벗는 그 골목 말입니다

비닐 속 대파의 초록과 붉은 고기는 뭉그러지고
그 뒤쪽 기억 밖의 봉지들은 저희끼리 주저앉아 녹아내리고 있었지요

아이스크림처럼 핥아 먹지도 못할 그 골목은 대체 어디에 있을까요
〈

누리끼리하고 푸르스름한 물들은 대체
어떤 골목이 흘려보내는 물일까요
너무 많거나 너무 놀라서
흘러나오지 못한 그 골목은 지금쯤 어디에 있을까요

그 색색의 골목들이 다 죽었을 거라고 말하진 마십쇼
나는 그것의 정체와 마주하기 싫습니다
그렇다고 다시 냉동하고 싶지도 않죠

그것들은 나를 끌고 다녀요
끌고 다녔지요
끌고 다닐 겁니다

나는 그것들 앞에 무릎을 꿇고 엎드려
물이 된 그것을 닦기도 합니다

언제쯤 문을 열면 환해질까요
캄캄한 골목들이 불을 켜고 나올 수 있을까요
탈출을 모르는 기억처럼 그 핼러윈도 냉동고 안쪽에서

골목처럼 버티고 있을까요
그것들도 언젠가 반짝이는 썰매 길이 될 수 있을까요

　방금 강가에서 주워 온 노을 하나와 바람 한줌을 들고 나는 고장 난 냉동고 앞에 서 있습니다

유리창

 창틀보다 한 뼘쯤 위에서 자동차가 달린다 일제히 왼쪽으로 간다 일제히 오른쪽으로 딱정벌레처럼 태엽을 탱탱하게 감은 돌멩이처럼 빨리빨리 한쪽으로 길을 감고 있다

 오른쪽 숲이 쉬지 않고 자동차를 낳아 왼쪽으로 밀고 있다 숲 속 어딘가 한쪽으로만 감긴 자궁이 있는 것 같다 왼쪽 숲은 오른쪽으로 새를 밀어 날린다

 창틀에는 산이 누워 있다 창틀 위의 산이 쇠 창틀을 물고 하늘까지 솟아올랐다 산은 가볍다 유리창 속의 산은, 투명한 것 속의 산은 가벼워서 창틀을 물고 새처럼 난다

돌

 오늘은 돌이 0.2센티밖에 자라지 않았다
 도라지꽃이 어제보다 두 송이 더 피었고 여섯 시부터 새소리가 들렸기 때문이라고 나는 생각한다

 돌이 작아지는 날도 있다
 애인과 종일 뒹굴 때 돌은 저 혼자 죽어 있다 '저리 가, 꺼져' 구박하지 않아도 된다 몰래 달그락거리기는커녕 언제 사나웠는가 싶다

 텔레비전 프로그램에서 어떤 배우가 돌을 키운다 돌은 작은 바구니에서 모자를 쓰고 잔다 '앉아', '굴러' 훈련받는다 그럴 때 텔레비전은 환하게 웃는다

 내 주머니 속 까만 돌, 어릴 땐 오죽처럼 녹색이었다가 자랄수록 까매지고 더욱 까매지고 빈틈없이 까매지고 모자란 데 없이 까매지고 다 자랄 때까지 까매지고, 그다음은 나도 모른다

 한 번은 무릎에 주머니가 달린 바지를 입고 탄천을 걷고 있는데 갑자기 휘파람 소리가 들려왔다 돌이었다

〈

 나는 무심코 돌을 만지작거린다

 지겨운 애인처럼 그것은 손끝을 타고 옆구리를 파고 목구멍을 간질이고 명치에서 심장을 유람한다

 시한부 진단을 받고 얼마 후 언니가 죽었을 때 돌은 기승을 부리면서 아주 커졌었다 내 주머니는 모두 터져 버렸다 돌은 돌의 무게를 포기하지 않았다

 언젠가 나는 돌부리에 걸려 완벽하게 까만 돌이 될 거라고 생각했다 돌이 된 내가 다른 돌과 나란히 굴러가는 장면을 상상한 적이 있다

슬픔과 칼집

당신은 대부분 숨어 있죠 안쪽에
어디든 안쪽이어야 해요 거기는 당신이 가득해서
바람도 볕도 부를 수 없어서
바람도 볕도 찾지 않죠

집은 처음부터 컴컴했나요

당신에게 사나운 마음이 생기기 전에
당신을 꺼내서 말려야겠어요
바삭바삭한 큐벨쿠키처럼 오레오처럼 내 입속에서
당신이 비명을 지를 수 있도록
소리 지를 때마다 춤출 수 있도록

댄스댄스 도마 위에서 댄스댄스 한 몸이 되어
댄스댄스 슬픔을 잘라요
빨갛게 당근처럼
댄스댄스 양파처럼

누가 당신을 춤추게 하나요
〈

춤을 자르죠 울음을 자르죠
무너지도록 당신과 거리를 두고 싶어요

댄스댄스 Bloody Mary*가 끝나면
칼 블록에 당신을 꽂아요
당신의 얼굴이 세트로 담겨 있는 집

이제 당신과 거리를 두려고 해요
잠자코 있어요 허밍도 안 돼요

그래도 허밍이 들리면
나는 다시 댄스댄스
나는 당신에게 칼집을 내죠
가느다랗게 길게
당신을 촘촘하게 에어서 낸 틈에

Bloody Mary 슬픔을 숨기죠 양념장을 발라서

* Lady GaGa의 Bloody Mary.

레레의 집

 레레의 아이는 사백 살이다 쭈그러진 뺨에 매미울음이 번들거린다 마루의 적막 사이를 파리가 기어다니고 있다 아이는 누군가를 기다리지만 아무도 오지 않는다 아이는 아이의 집을 찾아갈 수 없다 아이는 없는 집을 잃어버린 채 사백 년을 찾고 있는지도 모른다 레레의 여자는 길고 검은 머리를 늘어뜨리고 있다 진홍빛 블라우스가 환하게 웃던 날 어여쁜 유방 두 짝을 도려낸 여자는 서른아홉에 죽었다 유방 속에 똬리 틀었던 서른아홉 채의 집도 사라졌다 서른아홉 채의 집과 유방 두 짝에 전세 든 레레의 남자는 레레의 여자를 꿈꾸고 있다 레레의 거미는 옷소매 위로 목덜미로 기어다닌다 거미가 지나간 자리마다 오소소 소름이 돋는다 소름이 자라 슬픔이 된다 소름과 슬픔의 입술이 완벽하게 마주쳤을 때 레레는 거미가 된다 거미는 평생 소름과 슬픔의 집을 지어야 한다 제 뱃속 가득히 집을 갖고 있으면서 늘 집을 짓느라 바쁘다 뱃속의 집을 다 뽑아버릴 때까지 집을 지어야 한다 레레는 거미의 집에 숨어서 무지개 사거리를 바라본다 무지개를 찾던 그림자들은 제집을 향해 깡충깡충 뛰어가고 어떤 그림자는 주영광 안경집 유리 속으로 사라진다 집이 빤히 보이는 거리에서 레레는 집을 잃고 레레의 그림자는 헤매

거나 넘어지거나 죽는다 그것이 취소될 때 비로소 확실해지는
문장들이 있다 가령, 레레에게는 버젓한 집이 있지

다리미와 스팀

다리미의 꿈은 뜨거워지는 것일까
평평해지는 걸까

바지를 다리고 앞치마를 다리고 밤이 접은 아침을 다리고 다리미가 출근한다
오늘 다려야 할 탁자는 열한 개, 접시가 천 개쯤 물휴지와 수저와 매니저와 넵 알겠습니다 감사합니다라는 용어 몇 개와
무엇보다 무한 평면의 자세가 중요하다

주문하시겠습니까
잔디의 저음과 짧은 초록의 자세는 11시부터 9시까지 기본이다
고객의 기분이 평평해질 때까지
허기가 단조로워질 때까지
모래에 빠지는 깊이와 모래를 밟는 기분이 지루해질 때까지

뾰족한 콧김은 앞치마 주머니에 넣고
탑차를 사야 한다
수입이 보장되는 쿠팡 쿠플렉스를 위하여, 라는 주문을 외운다
호출벨이다 여기 양파절임 더 주세요

스킨 장갑을 끼고 카트를 끌며 32번 테이블로 이동한다

손님들에게 울퉁불퉁하지 않은 음식을 선물할 수 있을까
탑차의 높이는 몇인 분 음식의 높이일까
탑차에 앉으면 탑차에서 내려오기 위해 또 다른 다림질이 필요할지도 모른다

탑차를 평면으로 만들면 침대가 탄생한다
침대와 다리미는 같은 꿈을 꾸는 것 같다
고속도로와 호수와 골프장에서 고층빌딩과 안락의자에서 높이와 주름과 굴곡이 미끄러지는

그렇게 도착한 평면에 의자를 앉히고 빌딩을 앉히고 스팀으로 안개를 만들고
도로 위 고양이에 날을 세우고 어깨선이 살아나 깃을 세우고
주름이 많은 도시로 다리미들이 출근한다

얼룩말

스트라이프 양복을 긴 의자에 입혀 볼까
밤이 되면 왜 그는 얼룩말이 되는 걸까

줄무늬 엉덩이를 실룩거리며 거실에서 주방으로 쿵쿵 걸어다닌다 17층 아파트에서 초원을 찾다 보면 그릇이 깨지고 의자가 넘어진다
의자를 다 부수고 나면

얼룩말은 침대에 누워 평면을 꿈꾼다

눈을 감고 침대만큼의 초원을 잘라온다 얼룩말이 그 작은 초원에 엎드린다
얼룩말의 절반은 초원 밖에 있다

저 아래 횡단보도를 초원으로 끌고 와야 한다

횡단보도는 얼룩말을 꿈꿀까 초원을 꿈꿀까

횡단보도에는 사람들이 자꾸 도착하고 아침이면 횡단보도에

서 흑백 무늬를 밟고 얼룩말처럼 뛰어가는 사람들

   스트라이프 양복이 뛰어간다
   오늘은 검정 바탕에 흰 줄무늬, 내일은 흰 바탕에 검정 줄무늬

   얼룩말과 침대는 점점 평면이 된다

   석양이 납작하게 지평으로 떨어지는
   평평한 곳에서 다시 일어나는 집, 나무, 침대

   그리고 스트라이프 양복을 벗는 의자

공원과 이별

시답잖은 이별도 있을까요

시답지 않은 이별이란 대체로 이별은 시다워야 한다는 말일까요
시다운 이별이란 이별에도 리듬이 필요하다는 말일 수 있겠지만

이별은 시보다 가방이 필요해요
애인과 이별할 땐 아주 큰 가방을 들고 나가죠 새 애인을 담아야 하니까
무겁겠죠 전 애인의 로션과 키스와
함께 여행했던 옆좌석의 수많은 시간도 따라나설 테니까요

가방이 크다고 이별이 완성되진 않아요
이별은 주머니가 많아서 자주 마셔줘야 하거든요
얼마나 많이 마시면 이젠 가죽주머니까지 텅 비었어, 라고 이별이 말할 수 있을까요

이별이 많은 나는 가방이 많죠

두 시간 책을 읽고 잠시 책과 이별할 땐 어떤 가방을 데리고 나갈까 뒤적거리죠
가방이 없어도 되는데 말이죠

가방이 없으면 이별도 없는데
한 달 지난 이별이 오늘 아침까지 가방에 남아 있고
이별을 아끼는 사람처럼 내일의 공원에서도 이별과 나란히 걷고 있겠죠
가방끈처럼 흘러내리면서

새처럼 가벼운 이별은 없을까요 새들이 가방을 물고 날아갈 수 있도록
새들이 날아가는 길은 왜 사라지나요
새가 가방끈으로 물어가나요

뭐 그런 생각을 하며 가방 속주머니를 뒤적이다가
새가 날아간 방향에서 새로운 이별을 기다리는 나를 꺼내죠

이별은 시보다 가방이 필요하다는 말을 수정할게요

이별은 시보다 새가 필요해요

공원에서 시를 읽는 사람보다 새를 보는 사람이 많은 이유죠
새는 가벼워서 자주 날아줘야 하거든요

겨울비

 이런 일 뒤에는 저런 일이 있었다 나뭇잎이 먼저 떠나고 애인은 겨울에 떠났다 나의 겨울은 없는 나뭇잎의 그림자로 가득했고 나는 그림자 없는 길을 찾지 못했다 그림자는 언제나 나의 목 주위를 맴돌다 폐를 통과했다 이런 일 뒤에는 언제나 저런 일이 있었다 눈빛이 소실점 밖으로 밀려나 화면 속 누군가를 끈질기게 들여다보기도 했다 그의 목소리는 하얀 건반처럼 접시 위에서 몇 도의 화음으로 뒹굴기도 했는데 그것은 종지 안에서 찰랑이다 내 안쪽으로 미끄러지기도 했다 이런 일 뒤에는 언제나 누군가가 죽었다 얼굴이 없어졌다 내 안쪽으로 미끄러져 들어온 누군가는 사실 나의 바깥에서는 아무것도 아닌 그림자였다 하얀 건반의 도를 누르면 가장 왼쪽으로 곤두박질한 파 소리가 울렸다 이런 일 뒤에는 약속이 보이지 않아서 두리번거리다 자동차 문을 닫았는데 미처 빠져나오지 못한 그림자가 자동차 앞문에 끼여 피가 뚝뚝 떨어졌다 언제나 그런 일이 있었다 로비에 앉아 누군가를 기다리곤 했는데 그리 늦지 않게 도착한다는 메시지를 읽은 것도 아닌데 나는 붉은 그림자를 들고 밤새 나뭇잎을 잃고 있었다 언제나 이런 일 뒤에는 저런 일이 있었다는 듯 밤새 겨울비가

피아노

바닷속 깊은 곳에는 피아노가 있을 것이다

바다의 심장처럼
해머가 두드릴수록 강해지는 심박수를 갖고 있을 것이다

해변의 의자 등받이에 접근금지라는 글자가 붙어 있다
바다는 언제나 의자 앞에서 주저앉는다

페달을 길게 밟으며 바다가 해안선을 돌아오는 날 나는 바닷속 피아노를 생각한다

그것은 본디 검은 침묵이었을 것이다
어떤 소리도 들은 적 없는 고요였을 것이다
오로지 두드려야 푸른 노래가 펄떡거리는 심장이어서 바다는 그 손가락을 멈출 수 없는 것이다

나는 나의 바다를 십 센티쯤 열어놓는다
푹푹 빠질수록 소리가 돋아나는 건반의 땅에서 나는 나의 손가락을 벗어나려는 흰 파도를 잡는 놀이에 빠져 있다

〈

　희고 검은 날들이 빈 의자를 향해 하얗게 몰려온다

　나는 빈 의자가 보이는 카페에 앉아 애인이라고 믿는 사람과 커피를 즐기고 있다 바다는 애인의 심장이 몇 그램인지 묻지 않는다

　바다는 늘 지금이니까 느닷없이 애인과 똑같은 운동화를 신고 싶어 한다

　바다가 피아노를 마구 두들겨대고 있다

　지구 끝에서 무역선이 느릿느릿 가고 있다

한여름의 기분

  사랑하면 의자는 여섯 개, 의자의 다리는 스물세 개입니다 하나가 이별의 몫이라고 한다면

  어떤 사람에게는 이보다 더 많은 의자가 필요할 수도 있겠습니다 그 사람이 집을 나가버리면 여섯 개의 의자가 천천히 비워집니다
  모든 의자가 텅텅 비워졌을 때

  코 하나를 떼어서 의자에 앉힙니다 옆에 보드라운 털을 그러고도 남은 의자에 여름을 풀벌레 울음을
  여름도 풀벌레 울음도 모두 사라진

  그 길도 유실될 때까지 쓰다듬을까요

  사랑은 이렇게 쓰다듬는 것 어깨에서 손끝까지 여름을 풀벌레 울음을 보드라운 털을 만드는 것

  오늘은 의자에 붙은 털을 일으켜 산책을 나갑니다
  어떤 꼬리는 먼 길을 떠나기도 합니다

꽃이라는 털에 수북이 둘러싸인 졸업식에도 참석합니다 졸업하는 기분이 많군요 의자도 많군요
이별하면 여름이 여섯 개가 됩니다

집으로 돌아오면 그 사람이 여섯 개의 기분으로 여섯 개의 의자에 앉아 있겠습니다

그리고 지금 탁자는 텅 비었다

맨 처음 타일에 향기를 가둔 사람은 누구일까

이 탁자에는 언젠가 커피와 미소와 두런거림이 가득했었다
그리고 탁자는 텅 비었다

수천의 조각 타일로 만들어진 벤치를 본 적 있다
색색의 감정들이 닥지닥지 붙어 있는
그 벤치에 앉은 연인들에게 감정은 모자이크 같은 걸까

왈츠를 추다 그대로 굳어버린 듯한 벤치는
다시 스텝을 밟으려 꿈틀거리고
어쩌면 타일은 모두 왈츠의 동작들일 수 있다

춤 한 동작이 미라처럼 잠에서 깨어나고 있었다

백 년 전부터 미완이었다는 그 공원의 설계자는 죽어서도
자신의 향기를 굽고 있었던 걸까

섭씨 천오백 도의 낙인을 찍어 자신의 벽에 자신의 조각을 붙

였다는 어떤 건축가는
　지중해의 푸른 볕을 숨 쉴 때마다
　그 벽이 한 조각의 바다로 깨어난다는 걸 알고 있었을까

　도자기 그림에 향기를 넣으려고
　가마에 들어가 자신을 태운 어떤 장인을 생각한다

　시인은 한 구절을 위하여 밤새 언어를 굽고 깨뜨린다는데

　지금 탁자는 텅 비어 있다

2부

토마토 축제

토마토 축제

 돌밭에서 토마토가 자란다 이상하다 돌은 예쁜 색도 없는데 어떻게 파란 토마토가 자라나 흰 토마토 노란 토마토 붉은 토마토를 만드나 어쩌면 돌에도 피가 고여 있어 돌의 피는 던지고 구르는 기분에 따라 흰 피로 고이고 붉은 피 파란 피로 고여서 토마토가 되는지 몰라 토마토는 돌의 생각을 읽고 빨갛게 익어 가는지 몰라

 우리도 돌을 던진다 우리 모두 토마토를 조심해야 해 이마가 터질 수도 있으니까 돌의 기분에 맞을 수도 있으니까 그게 달콤하더라도 돌이 토마토처럼 찢어질 수 있으니까 어디선가 자꾸 토마토가 날아온다 이상하다 돌이 피 흘리는데 그 돌을 읽을 수 없다 토마토는 흐물흐물 소스가 되어 가는데 돌의 피는 사라지지 않는다 이상하다 사라진 토마토는 없는데 돌만 남았는데

 식탁 위에 달콤한 토마토의 기분이 흥건하다

새와 바다 사이에 구두가 있었다

 구두를 신었어, 저 새를 향해서
 애인은 구두를 걱정하고 있다

 가는 거야 새의 회색까지, 발은 적당히 빠지고 있다 구두가 젖잖아, 썰물 이후로 굳어가던 갯벌은 아직 물기가 남아 있다

 새를 향해서 곧장 앞으로,
 새의 앙증맞은 발가락과 긴 부리와 회색 날개를 보고 싶어,
새의 슬픈 목소리 알 수 없는 눈빛도

 애인은 구두를 걱정하고 있다 바다는 구두를 걱정하지 않는다
 이유 없는 돌진은 하얗다 파도는 신발이 없다

 새는 바다 가까이 서 있다
 발은 젖고 부리 끝이 조금 젖은 것 같았으나 구두를 걱정하는 것 같진 않다
 밀물과 우리 사이에 새가 있다
 새와 우리 사이에 젖지 않은 구두가 있다
 〈

우리가 새에 가까이 가면 새는 젖은 발로 몇 걸음 겅중거리다 날아간다 그때 밀물이 우리의 구두를 향해 하얗게 밀려든다 구름처럼
　구두 걱정이 없는 새는 하얀 구름 속을 빙빙 돈다

　밀물이 새와 애인과 나를 향해서 밀어닥친다
　갯벌과 해변의 소나무와 바다횟집은 언제나 물이 들어오길 기다리고 있다

　바람 청소기로 바지 끝단과 구두에 묻은 개흙을 말끔히 떼어내고 카페에 앉았을 때 우리가 걸어갔던 창밖의 길이 하얀 물이 되고 있었다
　발자국도 부지런히 걷던 걸음도 새의 눈빛 진흙 따개비도

　그냥 하얀 물속의 물이었다
　물의 발도 물의 구두도 없었다

　그때 아무도 구두를 걱정하지 않는 저녁이 왔다

겨울 숲

말하자면 밑그림이죠
다음 작품은 언제나 새로운 드로잉이 필요하구요

꼿꼿하거나 비뚜름하거나
또는 굵게 가늘게
화가의 터치는 최후까지 얽히고 그물은 최후의 겨울이 되죠

바리캉으로 밀면 겨울은 사라져요 그것이 겨울을 치울 수 없는 이유죠 나는 겨울 숲을 그렇게 표현해 봅니다

새는 그물 속을 들락날락하고 겨울이 새를 낳은 것처럼 새는 낙엽 더미에서 튀어나오기도 하죠
그래요, 하얗게 덮을수록 겨울 숲은 더 그물 같군요 눈으로 다 덮지 못한 검은 선들, 겨울 숲을 그렇게 표현해봅니다

언젠가 저 그물에 걸린 적 있지요
나는 눈 쌓인 나무가 아니고 눈 쌓인 지붕이 아니고 눈 속을 날아다니는 새가 아닌데도 말이죠
새는 겨울이라는 그물을 벗어나려고 날아갈까요

〈

  우리는 서로의 그물에 걸려 서로의 겨울을 빠져나가는 중일까요 그물에 걸린 하늘도 최후에는 저렇게 파랄까요

  지금까지 겨울은 하루도 빠짐없이 겨울이었습니다

  서로의 겨울을 위해
  나를 줄이면
  구멍은 커지게 마련이죠

저물어서

어둠 하나가 온다
바다 둘이 저물어서 바다 스물이 저물어서
세상은 돌 하나의 어둠
돌도 다 저물어서
돌이 단 하나의 선으로 남으면
어두워진 주먹을 쥐고
내가 돌처럼 밤새 으르렁거린다
사나운 이빨 하나처럼 으르렁거린다
돌과 내가 다 저물어 실루엣으로 남으면
돌과 나의 그림자는 사라지고
어두워진 돌과 나는 어둠의 바깥으로 도망할 수 없다
서로의 캄캄한 돌이 되어 나란히 앉아
내가 돌 밖으로
돌이 나의 밖으로 나갈 수 없다
서로의 돌 너머 무언가를 생각한다
이름도 없고 몸도 없는 무언가는
돌과 주먹과 나와
나란히 앉을 수 없는 무언가는
서로의 터널이다

서로의 바다다
돌과 나는 어두운 바다를 향해 마구 소리친다
서로의 바깥에서 안을 향해
돌과 바다가 소리치는 것처럼
어둠이 어둠에게 도망치는 것처럼

기념일

내 옷장에는 강이 하나 흘러
생일날 아침 강가에 선다
오늘은 강이 나에게 무슨 이야기를 해줄까
그날 강가에서 들은 이야기는 흐르지 않는 강이었다
오늘은 인더스강 내일은 유프라테스 모레는 황하강
너의 강들이
옷장 속을 흘러가고 있어
나는 옷장을 열어젖힌다 낯익은 혹은 빛바랜
강물들, 색색의 머플러가 블라우스가 나의 목을 휘감는다
나는 그것들을 피하고 싶지만
내 옷장 속에는 강이 하나 흘러
오늘은 유프라테스 내일은 인더스 모레는 나일강,
흰색은 흰 강으로
파랑은 파란 강으로 백 년 전의 강물이 흘러가야 한다
신이 강처럼 넘쳐나서 신을 죽인 사람이 있다는데
너의 옷이 넘쳐나서 너를 죽여야 하는 내 옷장에는 강이 하나
흘러 오늘은 헌 옷 몇 벌이 버려지고
헌 옷마다 기념일이 달라서
나는 헌 옷을 따라 옷장 밖으로 흘러나가고

옷장에는 여전히 강이
하나 흐르고

사과

　아담스애플이 전자담배라니 사과는 불안하다 담배와 만난 적이 없는데 아담과도 만난 기억이 없는데 아담스애플이라니 사과는 불안하다 담배가 사과를 아무리 좋아한다 해도 아담이 사과를 아무리 좋아한다 해도 사과는 불안한 것이다 사과는 다만 사과라는 걸 사과는 잘 안다 사과의 홈타운은 사과나무라는 걸 사과는 잘 안다 사과나무에서 푸르고 붉어지는 사과들은 불안을 모른다 사과는 오로지 사과나무에서 사과의 과제를 찾기 때문이다 사과는 곰곰이 생각한다 나는 오로지 푸르고 싶은 걸까 나는 오로지 붉어져야 하는 걸까 사과가 사과를 생각하는 동안 벌레가 사과를 파먹는다 벌레는 사과 속을 뚫고 들어가 길을 내고 집을 짓고 까마귀를 불러모은다 사과는 단지 하얀 접시 위에 눕고 싶을 뿐인데 애플파이가 되고 싶을 뿐인데 까마귀들이 악당처럼 몰려온다 사과는 점점 더 불안하다 까마귀를 쫓느라 아담스애플이 남자의 목울대에서 붉거졌는지도 모른다 사과가 늙어도 마당의 사과나무는 변하지 않을 것이다 벌레는 여전히 사과를 좋아하고 까마귀는 시끄럽고 사과는 불안하고 사과의 귀에서는 피가 나기도 한다 번개맞아 쪼개진 나무처럼 사과나무에 사과가 한 개도 남지 않는다면 사과나무의 희망은 사라질까 사과는 불안하다 사과는 다만 사과로 남아서 애플케잌이 되고 싶은데 누군가 한입 베어 문 사과도 사과인데 그러면 낯모르는 아담도 이브도 불안이 될 수 없을 것인데 스티브잡스의 한입 베어먹은 애플은 왜 말이 되고 왜 지구를 한입에 씹어 먹었는가 그러나 사과는 씹어먹지 않을 것이다 까마귀들이 사과를 다 먹어치운다 해도 사과는 지구를 한입에 베어먹지 못한다 사과는 늘 불안하다

여름의 생각

 매미울음은 왜 폭우처럼 쏟아지는가
 울음은 왜 수종을 가리지 않는가
 소리를 뒤집어쓰고 지나가는 여름의 하얀 뺨은 왜 실룩거리는가

 비가 떨어지는 하늘은 왜 수의빛인가
 낮이 저녁처럼 왔다가 죽은 자처럼 가는 중인가
 그동안 여름은 피였고 불이었고 찰진 반죽이었으므로 몸 곳곳에서 물이 빠지는 중인가 그래서 미꾸라지를 씹는 맛만 여름의 입술에 남았는가

 분꽃이 피면 사람들은 왜 벼랑 끝으로 모여드는가

 벼랑 끝에서는 여름도 신발을 벗고 맨발이 된다 발바닥은 맨발이 되어서야 눈이 생기고 따끔따끔 모래를 읽고 차갑고 싸늘한 바닥을 읽어내는가
 흙의 마음까지 읽겠다는 건가

 읽히고 싶지 않아서 흙의 끝에서 벼랑이 되는 건가

맨발이라야 발바닥은

검고 입이 없다 그러나 나뭇잎을 내세워 종일 지껄이고 있다
저 숱한 초록의 말들 사이로 밤이 오고 있는 건가 죽은 자들처럼 나뭇잎이 생기는 여름 숲에서 초록뱀 같은 생각들은 왜 망초 사이를 지나가는가

뱀은 장난감이 아니고 과자가 아니고 독초처럼 쓸데없는데 초록이 악마의 독을 상징하던 때도 있었다는데

여름의 생각은 잡풀처럼 왜 자꾸 돋아나는가

여섯 번째 상자

 돌 속에 두 번째 애인의 집이 있을 것만 같다 그 집에 들어가면 쉽게 나오지 못할 것 같다 애인들이 애인 아닌 이름을 주우러 다니는 돌 속을 걸어서

 세 번째 애인이 찾아올까 두 번째 애인과 세 번째 애인의 사이는 돌의 사이만큼 울퉁불퉁해서 숨바꼭질도 할 수 있을까 들키지 않으려고 방들이 돌처럼 굴러다닐까

 그럴 때 돌은 벗어 놓은 철모다

 당신이 썼다가 벗어 놓은 철모의 안쪽에서 미끄럼을 타고 싶은 날이 있었지 나에겐 너무 미끄러웠던 모자, 필요한 날엔 돌 속에 누웠지 언제라도 굴러가거나 언제라도 멈출 수 있는 그 집에서 애인들은 빠져나올 수 없지 돌과 돌 사이에

 몇 개의 상자를 늘어놓을 수 있을까 그 상자를 밟고 당신의 집으로 가는 길목에 핀 히비스커스, 그 새콤함에 물주고 싶은 돌 속에는 애인의 집이 있고
 〈

애인은 집에 없고
돌에서 목걸이를 구하는 당신이 있을 뿐

여름

너를 생각하면 색깔이 넘친다

화진포에서 너는 흰 꽃이다
해변에 도착할 즈음 피어나는 푸른 말이다
갈기를 곤두세우며 달려들다가 폐허의 기둥으로 무너지는 너는

푸른 보자기다
무너질 때마다 색깔이 넘치는 너는

청옥이고 코발트 파랑이다
맑았다 흐리고 흐리다 환하고 환했다가 붉은 너는

유리잔 속 포도주다
취한 빛이다

돌아오지 않는 빛이다

너를 생각하면 언제나 색깔이 부족하다

〈
너는 한 번도 같은 빛이 아니어서
한 번도 같은 색깔 같은 몸짓 음성이 아니어서

너는 롱 테이크다

흑백 화면이다 독백이다 소란한 무엇이다
무한 재생하는 음악이었다가
끝없는 선이다

오늘 듣는 너의 말은 서늘하고 슬프다

오! 지겨운 반복
공허한 반복을 넘어서

너를 생각하면 잔이 넘친다

저녁

북위 60도에는 애인이 있다
애인은 저무는 걸 거부한다 저녁을 거부한다 저녁도 먹지 않는다
애인을 닮은 해가 북쪽 창문 아래 서 있다
창문 안에 애인을 둔 남자처럼 이른 봄의 표정으로
오지 않을 늦가을의 눈빛으로
지평선을 밀어내고 있다

애인 때문에 북위 60도에서는 해가 지지 않는다
그래서 북위 60의 저녁은 북쪽으로 더 기울어야 한다

삼나무를 검정으로 물들이려면
극점의 손가락으로 애인의 등을 하얗게 태울 수 있을 때까지
애인이 북극곰이 될 때까지
저녁은 그렇게 기울어야 하는 것이다

북위 60도 너머로 훌쩍 기운 애인이 있다면
삼나무 숲이 뱉어 놓은 그늘을 모두 걷어내는 애인이 있다면
삼나무 이파리가 만드는 작은 구멍들 속에서 지는 해를 나란

히 볼 수 있는 애인이 있다면, 그러나

　저녁이 오지 않는 건 애인이 기우는 법을 잊었기 때문일까
　누군가 몰래 밤을 밤처럼 까먹고 있기 때문일까

　북위 60도에서는 저녁에 대해 이야기하지 말자
　빙하가 울면 4만 년 전 벌레가 깨어나는 것처럼

　모든 저녁이 모두 기울면
　모든 애인들은 벌써 지평선에 누웠을 테니까

흰 꽃의 마을

나는 지금 집들이 하얗게 피어나는 나무에게로 달리는 중이에요 바람이 불면 집들은 흔들려요 바람의 진도가 점점 높아지면 꼭대기 층은 흔들릴 수 있는 한 흔들려요

흔들려야 아름다운 집 흔들려야 향기로운 집이 된다고 이것이 나무의 꿈일까요 수천의 흔들리는 집을 머리에 이고야 나무들은 아름다워져요

언젠가 북서풍이 강하게 불고 중턱이 꺾인 나무가 도로에 넘어졌을 때 투명한 밤하늘의 검푸른 공포 속에서 쏟아지던 별들을 보셨나요

그때 18층 어느 집의 식탁 등이 갑자기 흔들리고 두려움이 이 방 저 방 뛰어다닐 때 진앙을 모르는 지구처럼 우리는 그냥 굴러갈 밖에요

흔들린다고 다 무너지는 건 아녜요 진짜 집이라면 진동을 감수해야 해요 러시아의 숲속 어떤 마을에서는 시신이 흘러내려 하얀 뼈만 남을 때까지 높은 기둥 끝에 달아놓는대요

〈

  온몸으로 흔들리는 어떤 날 우리 흰 꽃의 마을에 도착하기로 해요 다섯 개의 꽃잎이 지어낸 수천수만의 집들이 일제히 지르는 비명을 들어봐요

  사랑한다면 내진 설계를 감수해야 해요

공

한 남자가 왼쪽 다리를 끌고 절뚝절뚝 간다
운동화 코끝이 바닥에 줄을 긋는다

발등에서 허벅지까지 꼿꼿한 면바지 선
언제부터 저 무릎은 굽는 법을 잊었을까

왼발이 멈추는 순간
오른발이 퍼뜩 나아간다
걸음 하나가 공처럼 튀어 오르고
여름이 튀어 오르고
땀방울이 튀어 오르고
무릎에 숨은 공이 튀어 오르고

그때 바람은 슬몃 공 속으로 들어가고
까치발을 든 쪽의 허공이 깡충 공 속으로 들어가고
절뚝, 한쪽 무릎이 공 속으로 들어가고
꽉 찬 여름이 공 속으로 들어가고
〈

뒤뚱, 한 발이 나아갈 때마다
절룩, 여름이 가고

오후쯤 사과

 사과는 칼 옆에서 슬프다 하얀 접시 위에 눕는다 하늘에 하얀 구름이 흘러가서 슬프다 언젠가 말을 건네던 그 구름에 대한 기억은 슬프지 않다

 빨간 사과는 통증이다 사과에게 오지 못한 구름은 통증이다 통증을 먹으면서 사과는 익어간다 나뭇가지 사이로 몇 마리 새가 솟아오른다 까치발, 까치발 사과는 슬프다

 찬 기운이 목덜미를 누른다 사과는 짐승일지도 모른다 빨갛게 허기를 수혈해야 하는 짐승은 하늘이 파래서 슬프다 빨강을 낳고 싶어서 저 핏빛 열매가 슬픈 것이다

 사과의 한 시절이 오렌지빛 오후가 슬프다 누군가 해를 끌고 오는 오후, 사과가 익어가는 오후쯤 당신이 너무 많아서 슬프다 당신의 얼굴은 너무 많아서 나뭇가지에 다닥다닥 열린 당신은 그저 사과가 아니라서

 사과는 숨 막히다 주먹만 한 설렘들 밭고랑에 뒹굴고 있다 시월의 나뭇가지에 어지럼증처럼 익어가는 사과, 어느 날은 경적

을 울리고 어느 날은 비상등을 켜고 사과를 보러오는 사람들이 있어서

 사과에 홀린 듯 치마를 부여잡고 사과밭에 뛰어드는 여자들이 있어서 귀먹은 듯 눈먼 듯 사과에게 오는 오후가 있어서 사과는 슬프지 않다

우산

우산은 슬픈 버릇이다
신발장 안에서
우산꽂이에서
날이 맑아서 비가 와서
누군가 문을 열어서
그냥 닫아서
슬픈 버릇이다

캄캄한 집이
캄캄한 집에
캄캄하게 접혀 있어서
슬픈 버릇이다
이따금 외출에서
모처럼 펼쳐진 몸이
흠뻑 젖을 때
야호, 소리치고 싶은데

왜 나는 슬픈 버릇을 펴나
왜 우산은 슬픈 버릇을 접나

〈
펼치면 온몸이
젖어 드는 쾌감 속에서
우산은 2배속으로 펴지고
2배속으로 접힌다
슬픈 건 버릇이다
슬프지 않은 것이 버릇인 것처럼

비가 온다

3부
토마토 파르티잔

서랍

　잊어버리기 위해 보류하기 위해 서랍이 넘친다 뒤엉킨 기억의 반란 같은 것들에게 새로운 순서를 매겨야 해

　이건 오래된 매니큐어, 단테의 집 앞에서 샌들 앞으로 불쑥 나와 낯선 광장을 걷던 그 초록 발톱의 시절을 담고 있네

　그땐 그랬지 열쇠고리에 담긴 얼굴, 열어지지 않는 세계와 자꾸 어긋나던 때의 너를 증명하는 얼굴은

　직육면체의 닫힌 방에서 무슨 생각으로 살아왔을까 대체 서랍이 뭐라구, 나는 공연히 내 몸의 서랍 하나를 뺐다 끼운다

　뚜껑 없는 상자는 화석화된 너를 몇 개쯤 발굴하는데 그때의 체위는 물고기였고 날짐승이었고 나뭇잎 한 장과 보랏빛 목마름과

　전자렌지에 넣고 돌리면 뜨거워질까 그것들을 들여다본다 거기 어떤 물음처럼 거대한 서랍을 견디는 무언가가 버티고 있을 것만 같은

화이트 하우스

목련은 아침에 침대를 벗어난 사람
당신은 타일처럼 환하고 아홉 개의 타일을 오므려 목련의 집을 완성한다

타원형으로 고이는 흰빛
순백의 벽에는 슬픔이 쉽게 모인다

슬픔은 타인의 집에는 머물 수 없어
장대 끝을 서성이는 목련을 찾아오는 것이다

깨뜨리면 부정형으로 반짝이는 타일을 가득 안은 당신이
목련의 벽을 어루만지면
너무 차가워

당신은 한 번도 벽을 열지 못했지
목련은 시트를 닮아서
당신은 아침마다 시트에 몸을 담그고 최선을 다해 죽지만

나는 순백으로 잠들지 못해

목련은 사라지고 벽이 사라지고 슬픔은 깨져서 갈색이 되고

당신은 시작하기 위하여 나무 끝에서 하얗게
나는 끝나기 위하여 밤을 하얗게

사랑을 잃은 무굴제국의 어떤 왕은 하루아침에 백발이 되었지
그는 무덤을 흰 대리석으로 만들어
돌 속에 목련을 가두었지

그 집에서는 지금도 시간을 모르는 꽃이 핀다
그래서 집은 화이트 하우스여야 한다

당신의 소망은 언제나 흰색으로 태어나 흰색으로 죽는 것

아홉 개의 타일을 열고
백발이 될 때까지 목련은 깨져야 하고

침대 시트가 조금씩 목련을 닮아가는 아침

토마토 파르티잔

토마토를 얼마나 많이 던져야 하늘이 붉어질까

사랑은 토마토처럼 붉어지는 것
자주 으깨지는 것
붉은 표정으로 익다가
건널목 정지선에서 바라보는 노을 같은 것

대체 어느 길목에서 우리의 토마토가 붉어졌을까

냉장고 속에서도 토마토는 익는다
열면 붉어지고 닫으면 캄캄해지는 우리의 서랍은 안녕한가

푹 삶아 껍질을 벗겨낸 토마토처럼
그때 우리의 여름은 몹시 붉었다

지금 건널목을 지나는 열차의 표정은 왜 무심할까

사랑은 좌우를 가리지 않는다
토마토는 식탁 위의 파르티잔이야, 아니 주방의 게릴라야

당신의 왼쪽은 왜 붉지 않은가

아주 많은 날 우리는 토마토를 던지고 으깨는 데 소비했다

잘 익은 저녁을 써는데 토마토의 감정이 흘러내린다
기분에 따라 토마토는 과일이나 채소로 바뀌기도 하지만
양상추와 브로콜리 앞에서 우리는 기꺼이 과일이 되고
후라이팬 속에서 구워지는 채소가 될 수 있다

얼룩덜룩해지다 드문드문 물크러지다
어두워지면 게릴라처럼

탁자 위에서 사라지는 토마토

식탁은 시들고

사막은 요리법이다
윤기가 사라진 저녁 식탁에서
여우들을 씻는 시간이다
여기서 여우를 은접시라고 상상해도 좋아
접시는 반짝거리고 윤기는 맛있어
상큼해 샐러드처럼
여우가 찬장에서 내려와
식탁에서 꼬리를 내리면
당신의 목구멍은 은빛 모래로 가득하지
뜨거운 모래를 삼키다 뱉어서
어디선가 모래바람이 일고
저녁을 음식물쓰레기 봉투에 모으면
저녁을 찢고 낙타가 걸어나온다
하지만 당신은 여우가 그리워
다시 식탁 위에 소스를 꺼내지
은접시에 소스를 뿌리지
이건 끓이지 않아도 돼
살아 있는 여우니까
커다란 귀를 펄럭이며

하얀 털을 식탁 위에 깔아 놓으면
밤도 이제 크림파스타가 되어가는 걸까
식탁 저쪽으로 크림 같은 안개
식탁은 언제나 여우를 키우고
당신은 여우가 그립고
때론 전갈과 뱀과 쥐를 삶아서
소량의 수분으로도 반짝이는
요리를 만들지
그러므로 사막은 시들지 않는다
저녁은 자꾸 시든다

태양

죽은 애인들에게 문자를 전송한다
창밖은 캄캄해 여기는 유방 안에 숨겨둔 골짜기

누군가 여자를 던졌다 회오리처럼 공중을 몇 바퀴 돈 것도 같은데 여자가 제6병동에 떨어졌다

하얀 머리통들이 걸어다닌다
박통 같은 것들이 잘 익어서 눈부신 것들이 수액 주머니를 흔들며

여자는 이방인처럼 아직 검은 머리를 흔들며 애인들에게 문자를 전송한다

여기는 유방의 나라, 밖은 캄캄한데 골짜기는 환해 젖의 나라니까 나무들은 희고 걸쭉한 늪에 빠졌나 봐 몰락이 유방처럼 엎어지고 있나 봐 이봐요, 우리는 언제 어디서 왔을까요 자꾸 물어봐야 할 것 같은데

칼날이 날 기다리고 있어

〈

누군가 여자를 눕힌다
유방처럼 둥근 바퀴들이 여자를 싣고 굴러가기 시작한다
천장이 움직이고 바닥이 밀려가고 불빛이

태양보다 밝은 조명이 골짜기 안으로 쏟아지고 초록색 모자를 쓴 의사가 묻는다

이름이 뭐예요? 생년월일은?

눈을 감고 여자가 죽은 애인들에게 문자를 타전한다
여기 유방의 나라에도 이름이 있고 생년월일이 있어

태양이 있어

당나귀

당나귀 귀라는 텔레비전 프로그램이 말한다
너는 귀야, 귀로만 말할 수 있어

당나귀는 말과에 속한다는데 나는 나귀가 말하는 걸 본 적이 없다
나귀는 말보다 귀가 길다

나는 주둥이가 흰 나귀의 쉰 울음을 들은 적 있다
몇 개의 당근이면 울음을 멈출까 생각하는데

침실에 나귀 한 마리가 먼저 와서 누워 있다
어떨 땐 나귀가 좋고 어떨 땐 당나귀가 좋다

당나귀와 나귀와 나의 귀 안에서
이런 말들로 장난하며 침대에 누워 있으면
당나귀와 말과 귀들이 서로 통정하는데
하려는데

그들의 둥그스름한 엉덩이도 언젠가는 **뼈**와 가죽만 남게 될까

⟨

  냉장고에는 이제 풀도 옥수수도 나무뿌리도 없다
  나는 나귀에게 홑이불을 먹인다
  터키 벽걸이 하얀 침대 시트 암막 커튼 침대 머리를 장식한 나무 조각들이 보이지 않는 당나귀 뱃속으로 들어간다

  지금 나귀는 마지막 휴대폰을 먹고 있다
  유튜브 영상을 먹고 혼잣말을 먹는 중이다

  그는 다만 먹는다 모든 귀를

  어쩌면 나귀를

스트라이프 패턴

화창한 날엔 스트라이프 셔츠를 입자
소파에 길게 누워 있으면 횡단보도인 줄 알고 당신이 나를 건너다니고 내 머리맡에서 신호등을 기다리던 그런 화창한 날엔

스트라이프 셔츠를 입자 거실로 외출하면 내가 얼룩말인 줄 알고 사바나의 아이스크림 가게로 들어가던 당신, 얼룩말은 왜 야할까, 당신의 농담은 왜 얼룩 같을까 농담이 무리 지어 뛰어다니던 그런 아프리카 같은 날엔

까만 줄무늬는 더 까맣게 흰 줄무늬는 더 하얗게 그런 뭉게구름 같은 날엔 찻잔 가득히 얼룩과 초원과 이별을 그런 줄무늬 같은 날엔

스트라이프 셔츠를 벗어보자
줄무늬가 사라지고 신호등이 사라지고 농담이 사라질 때까지

중세 유럽에서 스트라이프 패턴은 악마의 무늬라고 금기시했다는데 줄무늬에게 패배하고 싶은 그런 날엔

아무 데나 누워서 일어나지 말자 내가 하나의 줄무늬가 될 때까지, 그 줄무늬가 사라질 때까지 달팽이처럼 끈적한 날엔

오디의 시간

오디가 까맣게 익은

한 줌의 저녁을 입에 넣었어 달지도 찝찔하지도 않은
그것이 오디의 유혹인가 봐

약간 부족한 단맛이지?
너의 말 한마디에 저녁은 단맛으로 밀려오다가 서서히 빠져
나갈 수도 있다
내 혀는 이미 까맣게 물들었는데

이제 더 어두워져도
더 밝아져도 좋을

오디의 저녁은 밤으로 가는 잼 같은 시간
너는 집으로 돌아갈 수도 오디잼을 만들 수도 있다 오디를 저
녁처럼 먹을 수도 낯선 침대에서 코를 골며 꿈꿀 수도 있다

너무 많은 저녁들이 뒤섞이거나 흩어져 있는
잼을 만들까

〈

오디잼을 만드는 일이란

저녁이 머금고 있는 물기와 저녁에는 뭔가 **빠진** 듯한 맛에 불을 켜고 졸이고 달이는 일

오디는 냄비 안에서 까만 쪽으로 점점 기울고
저녁은 잼 속으로 기울고

네 혀가 까맣게 물들 듯
밤 하나가 오고

키위

휘파람 소리
새소리

네가 있는 거기가 키위나무 꼭대기였으면 좋겠어

열매를 올려다보면
너는 모른 체 하늘을 보았었지

툭, 손안에 떨어지던 그것

떫은맛 새소리는 내 몫이었다
키위는 쟁반 위에서 하루하루 썩어갔다

아침부터 누군가 죽었다는 문자가 날아온다 키위처럼 줄줄이
삼가 고인의 명복을 빕니다 글자들은 썩지 않는다

저녁 내내 개구리가 울었다는데
여기는 비가 내리고 있다
다 익은 키위처럼

〈
키위나무는 잘 있니, 묻고 싶었는데
커튼을 젖히고 창문을 활짝 열었다

주방 타이머가 울렸다
토마토가 흐물흐물해져 있었다

새들은 어디로 갔을까

울컥, 어떤 아침이
키위처럼 목구멍 꼭대기에 걸려 있었다

새아버지 만드는 방법

우선 컵을 화분으로 만들어야 해

첫 번째, 우유를 붓는다

흰 꽃들이 컵 속으로 떨어지고
내가 컵 속에 손을 넣어 꽃을 주우면

손에서 아버지 냄새가 나

아버지가 우유를 따라서 컵마다 꽃이 가득했어
아버지가 우유를 따르는 시간이 좋았어
아버지는 우유를 천천히 따랐지

내가 모르는 꽃들을 컵 속에서 다 줍게 하겠다는 듯이
아버지의 식탁에는 온통 아버지가 엎지른 꽃들
사월이 되면 나의 식탁을 하얗게 만들었지

두 번째, 아버지가 생각날 때면
꽃을 들고 슈퍼마켓에 가야 해

〈
새 컵에 꽃을 심으면
슈퍼마켓에서 아버지의 냄새가 나

아버지를 새 아버지로 만드는 방법

날마다 우유를 버리는 거야

벽

비로소 빈방에 홀로 서게 되는 걸까

모든 당신과 만날 수 있다면

나는 당신에게 갇히게 되는 걸까

이목구비를 보여주지 않고

아랑곳할 것이 없는 겨드랑이 속살처럼 눈부신

당신은 눌리고 가려지고 긁히고 어둡고

깨진 거울이 방을 차지하고 있다

책과 암막 커튼과 천 개의 채널을 가진 텔레비전과 빛바랜 사진과

창밖에는 아파트 그리고 아파트 또 아파트가 있다
〈

그 뒤로 산 등이 손톱만큼 보인다

새 한 마리가 날아가면서 아파트에 금을 그어주고

그것은 실금처럼 지워지다 보이다가

커튼을 젖힌 풍경 안쪽에도 당신이 있나요?

그림자

 문득 나는 당신을 앞서기 시작한다 당신을 지나면서 점점 자라다가 커지다가 주춤주춤 물러나 줄어들기 시작한다 당신의 옆구리를 돌아 등 뒤로 숨어버린다

 그때 당신을 거의 잊는다 당신도 나를 거의 잊는다 하지만 당신이 돌아보지 않으면 볼 수 없는 곳에서 나는 다시 자라기 시작한다 늘어난다

 나는 갑자기 두 개로 세 개로 늘어난다 당신의 어깨에 들러붙어 마치 양 갈래머리처럼 양면의 눈처럼 당신을 감시하다 세상모르게 울기도 한다

 나는 다시 마구마구 생겨난다 나와 똑같이 생긴 것들과 떼를 지어 두리번거리다 머리통이나 몸뚱이가 서로 엉키다 몇몇의 나는 물 위에 어른거리고 징검다리를 건너고 물에 빠지고

 물속 가로등을 잡고 흔들다 부서지면서 흘러간다 흘러가다 나는 피어오른다 꿈틀꿈틀 한밤중에 하얀 물안개처럼 문득문득

피어오른다 문득문득 당신이 나를 보고 있다

　나는 내 한가운데로 걸어가야 한다

휴게소

자기 행성 속 감정에 갇혀
그저 서로를 지나가죠

금성과 목성처럼

자기 궤도를 달리며
멀어지다 가까워지는 존재를 확인하죠

궤도는 행성을 낳고 행성은 길을 낳고 길은 자동차를 낳아요
감정도 기분도 휘발유 냄새를 먹고 자라고요

브레이크댄스를 추듯 브레이크를 밟으면 안 돼요
그저 부드럽게

흐름을 타야 해요
금성과 목성처럼

하지만 당신들은 갑옷을 입은 듯 지나가네요
정말 브레이크댄스라도 추는 것처럼

〈

　갑옷의 기분을 알 것도 같아요 조금 위엄 있는 자세로 달리고 싶은

　301번 고속도로와 43번 국도가 쇠붙이로 반짝이는 이유이기도 하죠

　휴게소로 들어가는 자동차들은 우측 깜빡이의 관점에서 동류일까요

　함께 궤도를 바꾸는 기분일까요

　각자의 행성에서 각자의 휴게소로 들어가고
　우주정거장처럼

　다시 서로를 지나죠 금성과 수성처럼

게스트하우스

노둣길 발치에서 게가 옆걸음한다 갯벌을 뒤집어쓴 짱뚱어가 죽어라 분탕질한다 부들부들 검은 세상이 흘러내린다

그건 월요일의 일이다

간밤에 물이 빠졌을 것이다 아득한 꿈이었을 것이다 시나브로 물 가는 소리 멀어졌을 것이다

물이 빠진 만큼 길이 나타났을 것이다 없는 길이 솟아났을 것이다 꺼멓게 썩은 몸 감추지 못했을 것이다

그건 월요일의 일이다

물이 돌아올 것이었다 낮은 소리로 게와 짱뚱어를 삼키고 갯벌도 길도 모른 척 묻어버릴 것이었다

하루에 두 번씩 어김없이 나갔다가 어김없이 돌아오는 소기점도* 게스트하우스 앞 바다에는 마태오의 집이 서 있다
〈

기쁨의 집이라고 부르는 그곳에는 바람이 살고 있다 그는 늘 떠나고 늘 돌아온다

 그건 언제나 월요일의 일이다

 * 신안군에 있는 섬.

4부

토마토 목소리

히바에서 부하라*까지

달리는 기차 안에 들어있다
사막이

사막에서 모래가 솔솔 흘러나와 사방이 사막이다
철길 옆 구조물이 철길로 뛰어들려는 모래를 막아서고 있다
모래와 모래
나무와 모래 사이가 모두 사막이다

손바닥만 한 아이들이 기차를 따라 달린다 쑥풀처럼 사막에서 사라진다
기차는 풀의 안색 같은 건 무시하며 달린다
아이들을 삼킨 사막의 표정을 읽을 순 없지만
나는 목마르다 목마르다

나는 지금 사막의 밖에 있으며 나무들 밖에 있으며 기차 안에서 기차 밖에 있다
어느새 나는 사막과 동거 중이다
〈

햇빛은 사막의 눈빛이다
그 빛이 사는 곳
바삭바삭한 쿠키의 한가운데, 거기서 천 걸음 더 걸어 들어간 곳
그 구역에는 물,
물이 없다 눈물도 없어서
나는 목마르다

눈물은 패션 같은 것
히잡을 쓰고 사막을 건너는 여인의 기분 같은 것
아이가 자라 여인이 되고 여인이 미라가 될 때까지
사막은 사막이다

열차가 어느 역에서 히잡을 쓴 여인을 태운다
익숙한 솜씨로 침대칸에 흰 천을 두르고 방을 만든 여인이 그 안쪽으로 사라진다
마치 사막을 벗어나는 모래처럼
〈

기차 밖으로 히잡이 흘러간다

히바에서 부하라까지

* 우즈베키스탄 사막의 도시.

나는 나뭇잎과 풀을 경배한다 오직 그들만이 초록을 만들 수 있기 때문이다

초록이 장미의 붉은빛을 만든다 편견처럼 노랑과 분홍과 꽃을 만들어낸다 기호처럼

초록이 횡포를 멈추지 않는다 사월부터 구월까지 거기는 슬픔도 초록이어야 한다

그 초록이 허물어지고 있다 열아흐레 달처럼 오른쪽부터 덜컥 내려앉고 있다

아버지는 왜 허물어진 뒤쪽을 말했을까

애야, 거기 가야 한다, 왜 거기 있잖니, 좀새 아재가 놓친 것, 소가 달아났던 곳, 허물어진 밤을 보따리에 쌌던 곳

허물어진 곳에선 왜 반란이 몰려올까

왜 우리를 가두었어? 당신은 왜, 왜, 언제나 초록이 옳다구 했어?
〈

반란은 가을을 앞세우고 있다 더 빨갛게 더 노랗게 초록이 숨겨둔 비리를 파헤치고 있다

색깔이 여론처럼 들끓는다 가을이 항변한다

아, 나는 초록에 갇힌 당신들을 해방시키러 왔다구요 진짜라니까요

우리는 다만 초록이었을 뿐 가을 또는 바람이었을 뿐 누군가 은폐한 색깔이었을 뿐

사진

너 단발의 여자는
나의 너의 그의 저들의 너희의 우리의 얼굴 앞으로
지금도 계속 흘러가고 있는 구름이다*

나는 지금 파랗게 멈춘 바다와
그 바다에 엎어진 거북섬과 단발의 여자를 보고 있다
사실 나는 죽어 있다*

여자는 배경 한 척과 흰 셔츠의 남자와 정오의 물빛과 여섯 살 아이, 소녀의 흰 모자와 나란히 서 있다
은빛 구름 두 송이가 섬 끝에 걸려 있다

시간은 저렇게 고여 있는 걸까

오늘은 9월 8일 모처럼 화창한 날이다
사실 나는 살아 있다

사진 속 은빛 구름 안쪽으로 손을 집어넣는다
한 움큼 하늘이 묻어나고 섬이 깨어난다

〈

　현관문을 나설 때 그들을 태운 배가 붕붕 달린다
　무등을 태운 구름이 엘리베이터를 탄다 놀이터를 지날 때 해수욕장 몽돌 사이로 너희가 내가 저들이 달아나고

　짜그락짜그락
　새털구름 두 송이가 오리교를 건너고
　여자가 오리역 3번 출구로 들어가고 25시 편의점 앞으로 깨돌이 김밥집으로 모란 시장으로 휴일 없는 오렌지 약국으로
　무지개 사거리로 초록 물빛으로

　저들이 그가 그들이 우리가 네가 흘러가고 있다

* 훌리오 꼬르따사르 「악마의 침」에서 변용.

물

탄천은 끝이 없고
하루가 끝이 없어서

사람들이 걸어간다 걸어온다

나는 발을 넣어 물살을 바꾼다
졸졸졸 발은 나를 떠나고
어딘가에 부딪고

나를 떠나간 내 발이 닿는 곳 어디쯤 길고 어두운 구멍이 있다

구멍은 물소리를 낳고
물소리는 또 다른 발을 만들고
발은 떠나고

나는 심드렁해서 졸졸 노래나 부르는데
느닷없이 잉어가 솟구친다 자세히 보면 나를 떠났던 발이다
자세히 보면 누군가의 발이다
〈

흰 거품처럼 물속엔 발이 많으니까
물에 발을 넣었던

어느 밤 그 바닷가 파도는 그치지 않았다
모든 몸을 적시고도 그치지 않았다

강은 언제나 발에 닿아 있고
바다는 몸에 닿아 있고

그렇게 물에 닿아 있는 하루는 어딘가에 부딪히고 어디쯤 구멍을 내고

구멍에서 물이 흘러나와
나의 발을 적시고

사막

사막은 허기이다
선천성 허기가 무럭무럭 자라면
모래 폭풍이 되는 것이다
사막은 눈빛으로 사람도 나무도 낙타도 시들게 한다
사막은 초록빛 생명들의 윤기와 시간을
자신의 영양으로 삼는다
그러므로 사막에서는 누구나 야윈다
그들이 야윌 때 사막은 살찐다
사막은 뚱뚱해지고 사막은 자란다
만 년 전 사하라 사막은 코끼리와 사자와 기린이 뛰노는 초원이었다는데
지금 저 사막의 모래 사이에는 사막이 잡아먹은
코끼리와 사자와 기린의 얼굴이 보인다
그들은 제 얼굴을 버리고 사막이 되었을 것이다
그래서 사막은 이따금 사자처럼 으르렁거리고
코끼리처럼 발자국을 남긴다
아직 펄펄 살아 있는 여우와 쥐와 전갈을 향해서
누구도 모래 아닌 것으로는 머물 수 없다고
사막은 으르렁거린다

사막에서는 누구도 모래가 되기 전 자신의 얼굴을 알지 못한다
그러나 사막은 아직도 배가 고프고
그러므로 당신은 문득 사막에 가고 싶다

그림자놀이

그는 나의 발목을 끌고 돌부리와 나뭇가지를 통과한다 나의 모자를 쓰고 나의 팔다리를 달고 나처럼 간다

그의 긴 팔다리에 햇살이 지워진다

그가 비둘기를 따라간다 비둘기를 모자에 집어넣는다
비둘기가 모자를 통과한다 모자에서 멀어지는 비둘기를 쫓아간다 비둘기는 그의 왼쪽 어깨를 콕콕 쪼다가 오른쪽 뺨으로 나와 날아간다

그는 비둘기에 관심이 있는 것 같진 않다

그의 바닥은 온통 시커멓다 모퉁이에서 그는 무심히 일그러지다 잔디를 지나 징검다리를 건넌다

그때 그는 물 위에 있고 물속에 있고 물을 걷기도 한다

축대 앞에 서면 그는 벌떡 일어나 나를 마주 본다
없는 눈으로 벽을 열려는 듯

〈
그가 벽을 짚으면
내가 벽에 기댄다

공갈빵

 부풀어 오른 꿈 같았어요 합장한 모양이었어요 손으로 드니 가벼웠어요

 슬쩍 건드렸는데
와삭 부서졌어요

 부서진 속에 더 큰 속이 있었어요 텅 비어 있었어요
속이 없어 공갈빵이라 불린다 했어요
공갈빵, 공갈빵 부르고 나니 왠지

 내 안에 가득한 것이 모두 거짓말 같았어요
내가 공갈빵인 것 같았어요

 빵이 또 부서졌어요 조각났어요 아주 공갈 염소똥 이런 말도 조각조각 떠올랐어요

 공갈빵을 먹었어요 단번에 부서져 내린 그것을 조각조각 씹었어요
〈

내밀한 속을 내밀하지 못한 속을
텅 빈 속의 텅 빈 속을

으적으적 조각조각 삼켰어요

삽시간에 속이 사라졌어요 텅 빈 속의 속도 사라졌어요 껍질이 사라지고 속이 사라진 중국인 거리를 걸었어요 영하의 거리가 텅 비었어요

시간이라는 공갈이 사라지고 있었어요
나도 사라지고 없는 거리였어요

당진 혹은 당신

서해대교를 건너고 있다

낙지국을 잘 끓인다는 여자는 고향이 당진이라 했다
당신과 나는 그녀를 함께 만난 적 있다

시간이라는 호텔이 오른쪽으로 다가온다 나는 시간을 내서 당진에 가는 중이다 대교 난간이 나를 지나고 호텔 밖의 시간이 나를 지나간다

자동차 안에는 내가 있고 당진은 저 밖에서 달려오고 낙지국을 잘 끓인다는 여자를 만날 즈음의 당신이 잠시 내 옆에 앉는다

너무 오래전이라 당신은 입이 없다 메타세쿼이아 이파리가 길바닥에 부스러져 있는 것처럼 당신은 귀가 흩어졌을 것이다

달이 솟고 저 동그랗고 환한 빛을 따라 자동차들이 달려간다
저기가 당진이라고 당신의 당진이라고
〈

당진에는 그 여름의 개구리 소리가 들리지 않았다
귓구멍에는 달빛보다 더 깊은 침묵이 흐르고

우리는 서해대교를 건너고 있었다

유리벽

바람 부는 줄 모르겠습니다
탄천이 나른하게 흘러가겠습니다

엿보지 않기로 합니다
그 너머까지 알 필요 있겠습니까 하지만

이봐요, 여기 또 하나의 세상이 있다구요, 이 불빛 어때요?

나는 눈꺼풀을 자릅니다
유리벽 속의 당신을 들여다보고 싶으니까요

이 저녁 정말 저 안에는
춤추는 당신이 있고
당신의 춤 뒤로 빨간 고무장갑이 걸려 흔들리고
하얀 접시와 프리지아를 안은 가족사진과 때맞춰 달려가는 시계와
달콤한 핫케이크와

이 저녁 정말 저 안에서

당신도 나를 엿보고 있겠습니다
투명한 벽들 사이

당신과 나의 눈꺼풀 사이

뒹굴던 하루가 유리벽 속에 있습니다
슬리퍼를 끌고 빨래를 널고 현관문을 쿵 닫기도 하는

보이지도 않는 유리벽에
여름벌레들이 머리를 부딪고 죽어갑니다

몇 개쯤의 저녁이 내 눈꺼풀에 매달려 있습니다

방울토마토

　검은 봉지에서 튀어나오는 방울토마토를 보려고 버스가 급정거하네
　순식간에 토마토밭이 되는 판타지를 보려고

　어머! 웬일이야, 한 여자가 판타지 속으로 뛰어드네
　방울토마토를 주우려고
　기우뚱하려고
　기울어서 방울토마토와 함께 차가운 바닥을 구르려고 사람들이 뛰어드네 구르네
　한 방향으로 함께 굴러가려고

　검은 봉지에서 재채기처럼 튀어나온 방향들을 열심히 따라잡네
　한 아이가 신발코에 머리를 박고 검은 봉지에서 튀어나온 방향들이

　사방으로 흩어지고 기울어진 언덕길을 만들고
　길을 따라 방울토마토들이 구르고
　빨강을 칠하고

빨강을 칠하다가
길이 사라지고 길을 만들고 구르다가 멈추다가

덜컥대는 의자 밑에서 몇 알
쓰리쿠션으로 몇 알

우리에서 튀어나온 방울토마토들이
다시 우리에 갇히네

봉지에서 튀어나왔던 시간들을 검은 봉지 안에서 흔들어대네

속보

희고 투명한 비들
주룩주룩 공중뿐인 세상을 얇게 저민다
나는 유리 안쪽에서 비를 보고 있다

벽과 창틀에 비가 꽂힐 때마다 툭툭 물꽃이 피어난다
순간에 사라지고 순간에 피어나며
세상은 젖는다

잠 속으로 빗소리 들어온다
(물총을 빠져나온 물이 치이익 칙, 등짝으로 뺨으로 쏟아진다
그때 너는 누군가의 깜찍한 놀이였어)

번쩍 천둥이다 속보다
 물꽃들이 도시를 덮었다고 계단 저 아래까지 문을 열 수 없을 만큼 수북하다고 끝내 반지하의 어떤 생을 덮치고 말았다고

나는 다시 유리 안쪽의 잠에 빠진다
(물놀이 버스가 흔들리고 물병 속에서 우린 출렁거렸지 지금 도착하는 비는 물총과 물병에서 언제쯤 나와 도랑이 되고 강물

이 되고………)
　……물꽃이 된 걸까

　대체 몇 생이 지난 걸까
　반지하까지

검은 장마의 밤
−황병승에게

그의 장마가 끝나고 그의 책도 끝났다

봉안당홈이라는 도서관 형식의 납골당에는 '검은 바지의 밤'이라는 책 한 권만 남아 있다 그가 생전에 쓰던 안경과 펜과 시집 세 권을 벗어버리고

그해 칠월 하순이 장마로 질척거린다
누군가의 시간을 품은 것들은 충분히 젖었다

나는 장마가 지나간 흔적들을 보고 다녔다
강물이 흘러간 방향으로 넘어진 것들이 멈춰 있었다 비닐조각이나 풀줄기, 쭈그러진 물병의 글자들이 나뭇가지에 걸렸고 둑길 웅덩이에는 구름이 까맣게 고여 있었다

검은 바지를 입은 장마처럼 장마를 입은 검은 바지처럼

신이 장마를 내려준 까닭을 생각한다
장마철에는 누구든 무성하다 무성한 것들은 쓸려가면서 장마를 벗어 버린다

〈

그래서 그는 '검은 바지의 밤'을 생각했을까
창밖으로 보았을 장마

마지막 바지를 벗지 못한 매미울음이 비와 비 사이에 빽빽하다
잎과 잎, 공기와 초록, 산 것과 죽은 것 사이에서 장마는 맹렬했고 강물도 맹렬했다 맹렬하지 않은 것은 검은 바지를 벗은 그의 밤뿐이었다

그가 장마를 벗고 죽음의 장막 안으로 들어갈 때, 강물이 데려가지 못한 미소가 사진 틀에 남았다

창문에 걸린 하얀 구름처럼

시계

갓 오브 이집트란 영화에서 스핑크스는 질문한다
나는 누구인가 질서? 순수? 상상? 내일이라는 답을 들은 스핑크스는 허물어져 모래가 된다

시계는 모래에서 돌에게로 걸어가는 중이다
시계판은 분침과 초침을 따라 돌계단으로 일어났다가 허물어지기를 반복한다
질서? 상상?

어제로 가는 걸음은 순간순간 돌에서 생겨났다

동부간선도로를 따라 청담대교를 건너 왕십리에 다녀왔다
나는 돌아보지 않았지만 내가 지나온 길은 모두 부서져 내렸을 것이다

창밖은 어두워지고 시계는 틱, 톡, 틱, 톡 소리를 내고 허물어진 소리 뒤에서 돌계단이 다시 생겨나고 있다 창을 열면 찬 공기를 따라 거실을 돌다가 저녁 속으로 사라진다
〈

시계는 다만 깨어나고 저무는 습관이 있을 뿐이다
얼굴은 언제나 모래처럼 흩어지고 모래에서 다시 생겨날 것이다
나는 언제나 눈과 코가 무너지면서 눈과 코가 생겨나고 귀가 생겨나고 귀가 부서질 것이다

나는 나를 향해 계속 달린다

해설

심장이 뛰는 시차적 방식

고광식(문학평론가)

1. 상실의 자리

모든 인간은 물리적 심장이 뛰어야 살 수 있다. 몸의 건강이 유지되려면 심장이 산소가 풍부한 혈액을 전신으로 순환하게 해주어야 한다. 하지만, 물리적 심장만큼이나 중요한 것이 정신적 심장이다. 롤랑 바르트는 코드화될 수 없는 요소가 우리의 마음을 찌르는 것을 푼크툼이라 했다. 원도이 시인은 푼크툼에 의해 심장이 뛰지 않는 삶을 인정하지 않는다. 이 시집은 삶의 과정에서 시차적으로 일어나는 심장이 뛰는 방식을 모자이크한 기록물이다. 시인은 시차적 단계에서 나타난 사건들을 인식하고 그 속에 내재된 것을 찾아내 드러낸다. 인간은 자연의 질서와 조화 속에 자신을 위치시키며 타자와의 관계를 맺는다. 때론 타자와 충돌하고 갈등하지만, 이해하고 사랑하며 받아들인다. 그 과정에서 상실의 자리를 만들기도 한다. 이렇듯 우리는 힘들고 긴 시간을 거치며 자신의 삶을 완성해 간다.

시인은 "토마토를 얼마나 많이 던져야 하늘이 붉어질까"(「토마토 파르티잔」)라며 뛰지 않는 심장을 힘차게 박동하게 한다. 타자와 만나 사랑한다는 것은 상처를 만드는 일이다. 우리는 사랑을 잃을 때 상실의 자리에 홀로 서 있는 자신과 대면하게 된다. 상대에 대한 정보가 부족한 자아는 사랑으로부터 도피해 자신의 상처를 키운다. 이러한 상처의 과잉은 "초록이 장미의 붉은 빛을 만든다 편견처럼 노랑과 분홍과 꽃을 만들어낸다 기호처럼"(「나는 나뭇잎과 풀을 경배한다 오직 그들만이 초록을 만들 수 있기 때문이다」)와 같은 인식에 도달한다. 상처를 최소화하기 위해 보다 본질적인 것을 생각하며 방어기제로 삼는다. 우리는 이기적인 존재이다. 상처를 극복하고 실존하려면 행위를 해야 한다. 살아남기 위해 심장은 멈추지 않고 뛰는 게 좋다. 초록이 변화를 거듭해 모든 것을 허물 때 우리는 존재에 앞서 실존하는 나뭇잎과 풀을 만난다.

지난 시간에 겪었던 경험은 일정 기간 보관이 필요하다. 특히 타자로부터 받은 상처라면 더욱더 숙성의 시간이 필요하다.

잊어버리기 위해 보류하기 위해 서랍이 넘친다 뒤엉킨 기억의 반란 같은 것들에게 새로운 순서를 매겨야 해

이건 오래된 매니큐어, 단테의 집 앞에서 샌들 앞으로 불쑥 나와 낯선 광장을 걷던 그 초록 발톱의 시절을 담고 있네

〈중략〉

뚜껑 없는 상자는 화석화된 너를 몇 개쯤 발굴하는데 그때의 체위는 물고기였고 날짐승이었고 나뭇잎 한

장과 보랏빛 목마름과

    전자렌지에 넣고 돌리면 뜨거워질까 그것들을 들여다본다 거기 어떤 물음처럼 거대한 서랍을 견디는 무언가가 버티고 있을 것만 같은

- 「서랍」 부분

  화자는 세계와 자아가 일치되지 않던 때의 기억이 상처로 남아 있다는 것을 확인한다. 그때 입은 상처를 넣어둔 서랍이 불편한 감정으로 넘친다. 주체로서의 인간이 되어 세계와 마주하려면 "뒤엉킨 기억의 반란 같은 것들에게 새로운 순서를 매겨야" 한다. 화자의 서랍은 상처 입은 기억들로 위태롭다. 기억은 감정의 파도에 휩쓸려 서랍 속에서 끊임없이 젖어 든다. 아직도 서랍 속에는 "오래된 매니큐어"가 숨죽인 채 "초록 발톱의 시절을 담고" 과거의 순간을 복원하고 있다. 서랍은 지금 여기에 영향을 끼치는 기제로 작용한다. 바닷물이 물러간 뒤 드러나는 개펄처럼 "뚜껑 없는 상자는 화석화된 너를 몇 개쯤 발굴"해 보지만, "보랏빛 목마름"만 머뭇거리며 몰려온다. 서랍은 상실의 자리를 대체하는 공간이다. 또다

시 뜨거워지길 기다리는 심장이 서랍 속에 있다. 지난 시간의 구체적인 행위가 "어떤 물음처럼 거대한 서랍을 견디는" 힘으로 힘겹게 버틴다. 서랍을 바라보면 뜨거운 기억이 하염없이 흘러나온다.

삶은 언제나 고통을 유발한다. 부단히 삶을 가꾸어 가는 사람도 상실은 피할 수 없다. 시간은 소중했던 사람을 잃게 하고, 소유했던 귀중한 사물을 빼앗아 간다. 우리는 상실의 자리에서 잃어버린 것들을 찾기 위해 끊임없이 서성인다. 그렇게 실존하는 우리는 상실을 확인하며 미래로 나아간다.

2. 애인의 행방

신은 추구해야 할 절대적 가치이다. 그런데 인간은 그 절대적 가치인 신을 근대화 과정에서 이성으로 죽였다. 신이 사라진 시대 원도이 시인은 신을 대체하는 존재로 '애인'을 찾아냈다. 원도이 시인에게 애인은 신의 개념을 치환한 존재이므로 절대적 가치이다. 현실에 존재하는 '나'는 고난과 고통이 닥칠 때 절대적 가치인 애인을 찾는다. 현실은 언제든지 '나'를 억압하고 고난에 빠트릴 수 있다. 인간이 신을 살해하기 전에는 고난을 극복하는 힘의 원천이 신이었다. 하지만, 신이 죽은 현재는 '나'의 생존을 위해 작동되는 근원적인 존재를 찾아야 한다. 내가 더 이상적인 존재가 되기 위해 의지를 발현해야 한다. 시인은 삶의 비포장도로를 달리다가 절벽을 만나면 애인을 찾아 문제를 해결한다. 자신을 압도하는 고난과 역경은 현실적 애인에 의해 해결될 수 있기 때문이다. 이렇듯 애인을 추구하는 힘은 '나'라는 존재를 풍요롭게 만든다. 우리는 애인이 있으므로 두려움에 빠지지 않고 끊임없는 삶의 에너지를 얻는다. 그러므로 애인은 고난을 극복할 수 있도록 힘을 주는 현실적인 존재이다.

원도이 시인에게 애인은 타자가 아니라 자신을 구원하는 존재이다. 애인은 나의 친밀한 동일자로서 현실의 고통을 극복하는 힘이 된다.

여기는 유방의 나라, 밖은 캄캄한데 골짜기는 환해 젖의 나라니까 나무들은 희고 걸쭉한 늪에 빠졌나 봐 몰락이 유방처럼 엎어지고 있나 봐 이봐요, 우리는 언제 어디서 왔을까요 자꾸 물어봐야 할 것 같은데

〈
　칼날이 날 기다리고 있어

　누군가 여자를 눕힌다
　유방처럼 둥근 바퀴들이 여자를 싣고 굴러가기 시작한다
　천장이 움직이고 바닥이 밀려가고 불빛이

　태양보다 밝은 조명이 골짜기 안으로 쏟아지고 초록색 모자를 쓴 의사가 묻는다

　이름이 뭐예요? 생년월일은?

　눈을 감고 여자가 죽은 애인들에게 문자를 타전한다
　여기 유방의 나라에도 이름이 있고 생년월일이 있어

　태양이 있어
―「태양」 부분

애인 때문에 북위 60도에서는 해가 지지 않는다
그래서 북위 60도의 저녁은 북쪽으로 더 기울어야 한다

삼나무를 검정으로 물들이려면
극점의 손가락으로 애인의 등을 하얗게 태울 수 있을 때까지
애인이 북극곰이 될 때까지
저녁은 그렇게 기울어야 하는 것이다

북위 60도 너머로 훌쩍 기운 애인이 있다면
삼나무 숲이 뱉어 놓은 그늘을 모두 걷어내는 애인이 있다면
삼나무 이파리가 만드는 작은 구멍들 속에서 지는 해를 나란히 볼 수 있는 애인이 있다면, 그러나

저녁이 오지 않는 건 애인이 기우는 법을 잊었기 때문일까
누군가 몰래 밤을 밤처럼 까먹고 있기 때문일까
〈

북위 60도에서는 저녁에 대해 이야기하지 말자

　　빙하가 울면 4만 년 전 벌레가 깨어나는 것처럼

-「저녁」 부분

　「태양」의 시적 화자는 수술대 위에 누워있는 여자를 바라본다. 여자는 건강이 무너져 생존을 장담할 수 없는 위기에 놓여있다. 화자와 동일시되는 여자는 정신이 혼미해져 삶과 죽음을 넘나드는 느낌 때문에 심장이 멈춰버릴 것 같다. 여자는 절망감으로 인해 애인을 찾는다. 그러나 간절하게 원하는 애인은 이미 죽은 지 오래되었다. 여자가 다급하게 "칼날이 날 기다리고 있어" 혼잣말을 한다. 화자는 "유방처럼 둥근 바퀴들이 여자를 싣고 굴러가기 시작한다"라고 진술한다. 유방은 생명을 상징한다. 우리는 모두 유방에서 흘러나오는 젖을 먹고 자랐다. 여자는 생명을 자라게 할 수 있는 유방이 있는 존재이다. 유방으로 상징되는 희망적 삶과 수술이라는 죽을 수 있는 의료적 행위가 지금 여기의 공간에 함께 공존한다. 두려운 순간에도 여자는 "죽은 애인에게 문자를 타전"한다. 여자가 기댈 수 있는 유일한 존재가 애인이기 때문이다. 삶을 보장할 수 없는 상황인데도 여자는 "여기 유방의 나라에도 이름이 있고 생년월일이 있어"라고 살고자 하는 의지를 보인다. 여자는 수술이 성공하기를 간절하게 원하고 있다. 그러기에 여자는 "태양이 있어"라고 마지막 문자를 전송한다. 여자의 태양은 내일도 뜰 것이다.

「저녁」의 시적 화자 또한 애인을 말한다. 화자의 애인은 지금 이곳에 존재하지 않는다. 지금 여기에 있는 것도 아니고 실제로 존재하지도 않는다. 애인은 북위 60도에 있다. 따라서 애인은 화자가 만지고 느끼고 볼 수 있는 존재가 아니다. 화자는 "애인 때문에 북위 60도에서 해가 지지 않는다"라고 진술한다. 북위 60도는 사람이 살 수 있는 마지막 선이다. 또한 북위 60도는 밤하늘을 가로지르는 환상적인 오로라를 볼 수 있는 곳이다. 애인 때문에 해가 지지 않는다는 것은 특별한 의미를 지닌다. 해가 지지 않게 할 수 있는 존재는 신밖에 없다. 따라서 애인은 신과 동격의 존재가 된다. 화자는 "애인이 북극곰이 될 때까지"라고 진술하여 애인을 신기하고 기이한 존재로 만든다. 우리가 추구해야 할 절대적 가치를 가진 존재로 만든 것이다. 북위 60도에 존재하는 애인은 보거나 만질 수 없다. 그러나 애인은 해가 지지 않는 그곳에서 자신의 방식대로 신기하고 기이한 행위를 계속한다. 화자는 "저녁이 오지 않는 건"이라고 질문을 던지고 "애인이 기우는 법을 잊었기" 때문이라고 답을 찾는다. 화자는 애인이 존재하는 장소를 상상하는 것으로 절대적인 가치를 가진 애인을 증명한다.

    구두를 신었어, 저 새를 향해서
    애인은 구두를 걱정하고 있다

    가는 거야 새의 회색까지, 발은 적당히 빠지고 있다 구두가 젖잖아, 썰물 이후로 굳어가던 갯벌은 아직 물기가 남아 있다

    새를 향해서 곧장 앞으로,
    새의 앙증맞은 발가락과 긴 부리와 회색 날개를 보고 싶어, 새의 슬픈 목소리 알 수 없는 눈빛도

    애인은 구두를 걱정하고 있다 바다는 구두를 걱정하지 않는다
    이유 없는 돌진은 하얗다 파도는 신발이 없다

〈
새는 바다 가까이 서 있다

발은 젖고 부리 끝이 조금 젖은 것 같았으나 구두를 걱정하는 것 같진 않다

밀물과 우리 사이에 새가 있다

새와 우리 사이에 젖지 않은 구두가 있다

－「새와 바다 사이에 구두가 있었다」 부분

「새와 바다 사이에 구두가 있었다」의 시에도 애인이 등장한다. 시의 전개 과정에서 애인은 "구두를 신었어, 저 새를 향해서/애인은 구두를 걱정하고 있다"처럼 시적 사유에 간섭한다. 시적 화자가 구두를 신고 '저 새'를 향해 가려는 곳은 현실을 지운 곳이다. 그곳은 누구도 가보지 않은 낯선 곳이다. 따라서 화자는 그곳에서 자신의 존재를 입증하고 싶다. 현실의 탈형상화 과정은 이곳을 벗어나 새가 가는 곳으로 가야 한다. 새가 가는 저 바다엔 무엇이 있나. 화자는 이곳이 아닌 바다에서 무한의 자유를 만나고 싶다. 그것은 우리 내면에 웅크리고 있는 판타지 같은 것일지도 모른다. 판타지는 무한의 자유이기 때문이다. 시적 상상력의 토대 위에 바다가 있다.

화자가 자아라는 자신의 체험에 갇히지 않으려면 "새를 향해서 곧장 앞으로" 가야 한다. 새는 이곳과 저곳을 연결해 주는 능력이 있는 존재이다. 오로지 상상력의 힘으로 시인은 현실적인 것을 배제하기 시작한다. 바다는 미지의 곳에 가기 위한 플랫폼이다. 아직 밟아보지 않은 그곳을 상상하자 심장이 뛰기 시작한다. 미지의 곳에 도달하겠다는 흥분이 높은 파도로 출렁인다. "새는 바다 가까이 서" 있고, "발은 젖고 부리 끝이 조금 젖은" 것 같다. 화자는 바다 앞에서 "새와 우리 사이에 젖지 않은 구두가 있다"라고 상상력의 폭을 넓힌다.

원도이 시인의 애인은 현실을 지우는 심리적 작용의 기제이다. 랭보는 고전적인 것을 부수려고 노력했고, 말라르메는 극단을 추구했다. 말라르메가 현실의 탈형상화를 예술적 상상력의 본질로 보았던 것처럼 원도이 시인도 탈형상화를 통해 무한의 자유를 입증하려 노력한다. 그러므로 원도이의 애인은 예술적 상상력이 낳은 존재론적 토대이다. 시인은 모든 것을 비워버린 자리에서 애인과 함께 불가시적인 세계의 흐름에 젖어 든다. 현실을 초월한 곳에 신은 없다. 다만 신을 대체하는 애인이 존재론적 시상의 전개 과정에 함께한다. 애인과 함께라면 현실에서는 포착할 수 없는 것들을 찾아낼 수 있다. 그리고 시의 모호함도 극복하며 폭넓은 사유를 전개하는 것도 가능해진다. 원도이 시인은 현실을 지운 텅 빈 공간 속에 애인을 불러냄으로써 새로운 의미층을 가지고 온다. 혼자 가는 먼 길이 아니라 애인과 함께 가는 시적 세계가 불가시적인 긴장을 담고 있다. 원도이 시인이 도달한 낯선 공간이 빛나는 이유이다.

3. 붉어지는 심장의 시간

심장이 뛰지 않는 삶은 불행의 연속일 수밖에 없다. 우리가 있는 장소가 가슴을 뜨겁게 하고, 우리가 처해 있는 상황이 심장의 박동을 유도해야 한다. 이것은 현존재로서 실존을 증명하는 일이기도 하다. 우리의 심장을 뛰지 않게 하는 상황은 박제된 세계이다. 그냥 사물의 시간이 멈춘 냉동실일 뿐이다. 그곳엔 고독한 자가 고립되어 있다. 파편화된 개인은 존재론적 자명성을 잃는다. 피투 되었기 때문에 불행한 것이 아니다. 스스로 설 자리가 없고 목소리를 낼 수 없어 불행한 것이다. 삶의 좌절과 절망을 딛고 일어서기 위해 심장은 붉어져야 하고 힘차게 뛰어야 한다. 시간은 상실을 포착하는 자에게 포섭되기 마련이다. 상실이 절망의 늪으로 빠지는 것을 막기 위해 의식의 지향점을 찾아야 한다. 그곳에서 붉어지는 심장의 시간과 대면하는 것이 우리의 목표이다. 나와 타자 사이에 놓인 벽과 침묵과 부동성을 움직이는 일은 중요하다. 유폐된 자의 불안을 안고 현실을 허무는 과정은 고통스럽다. 심장의 박동이 사라진 자리에서 박동을 가하는 일은 지속되어야 한다. 상실과 절망에 파묻히지 않기 위한 노력은 존재의 합목적성이다.

원도이 시인은 붉어지는 심장의 시간을 만들기 위해 노력한다. 시가 모호성의 늪으로 향하는 게 아니라 주술적 의지와 선명성으로 현실을 향한다. 명백한 의도로 현실을 흔들어 우리의 심장에 압박을 가한다.

>   벽을 쌓읍시다 아니, 벽을 삶읍시다 토마토처럼
>   벽도 빨갛게 익어갑니다 잘 누르면 으깨지기도 합
> 니다 벽을 말랑말랑하게 가꾸는 일입니다
>
>   잘 삶은 벽을 접시에 담아 식탁에 놓고 마주 앉아

오물오물 씹는 시간을 다정한 저녁 식사라고 해봅시다
 토마토처럼 흐물흐물해진 벽 앞에서
 우리는 잠시 입을 맞춥니다

 입속에서도 토마토는 자랍니다
 줄기는 벽을 타고 오를까요 우리는 잠시 채소이거나 과일이거나

〈중략〉

 담벼락 아래 토마토 한 주를 심어볼까요
 토마토가 자랄 때마다 누군가는 담벼락의 마음을 읽을 수 있지 않을까요

 토마토를 삶읍시다 아니, 쌓읍시다
 토마토 상자에 탄탄한 토마토부터 쌓으며

 우리는 잠시 토마토로 쌓은 거리를 이야기했습니다
          -「토마토 거리」 부분

그것은 본디 검은 침묵이었을 것이다

어떤 소리도 들은 적 없는 고요였을 것이다

오로지 두드려야 푸른 노래가 펄떡거리는 심장이어서 바다는 그 손가락을 멈출 수 없는 것이다

나는 나의 바다를 십 센티쯤 열어놓는다

푹푹 빠질수록 소리가 돋아나는 건반의 땅에서 나는 나의 손가락을 벗어나려는 흰 파도를 잡는 놀이에 빠져 있다

희고 검은 날들이 빈 의자를 향해 하얗게 몰려온다
―「피아노」 부분

「토마토 거리」의 시적 화자는 우리 사이에 놓인 벽을 떠올린다. 공간을 나누고 에워싸는 데 사용되는 구조적인 요소가 화자와 타자 사이에 놓여 단단하게 막고 있다. 우리 사회는 벽을 만들고 계급을 만드는 것을 당연시했다. 우리는 오랫동안 사회적 벽에 갇혀 서로 소통을 잊었다. 화자는 벽을 허물기 위해 벽을 토마토처럼 삶자고 권한다. 서로에게 답답함과 고통을 주는 벽을 허물고

소통이 되는 세계를 열겠다는 강한 의지이다. 시적 화자는 "벽도 빨갛게 익어갑니다 잘 누르면 으깨지기도 합니다 벽을 말랑말랑하게 가꾸는 일입니다"라고 진술한다. 이처럼 단단했던 구조적인 것들이 우리의 노력에 따라 바뀔 수 있다는 희망을 보인다. 벽이 토마토처럼 말랑말랑해지면 세상은 좀 더 아름다워질 것이다. 소통이 되는 사회는 잘못된 인간성의 경계를 허물기 때문이다. 화자는 벽을 허문 자리에서 "잘 삶은 벽을 접시에 담아 식탁에 놓고 마주 앉아 오물오물 씹는" 파티를 하고 싶은 것이다. 소통이 될 때 세상은 달콤하고 부드럽다. 상대에게 어떤 문제점이 있더라도 소통은 시도되어야 한다. 문제점을 딛고 시작하는 것이 소통의 방식이기 때문이다. 세상이 토마토처럼 붉어지면 현실적 의미의 유토피아가 실현된다. 그러니 우리는 모두 토마토로 벽을 만든 사회를 꿈꾸어야 한다.

「피아노」의 시적 화자는 세상을 뜨겁게 살기 위해 바닷속 깊은 곳에 있는 피아노를 상상한다. 우리는 모두 자신의 삶을 연주할 수 있는 피아노를 가지고 있다. 나를 연주할 수 있는 자는 나밖에 없다. '바다'는 화자가 닮고 싶은 강한 에너지로 작용한다. 거대한 바다는 화자가 상실한 열정을 찾을 수 있는 곳이며, 거친 파도와 바람을 뚫고 피어나는 찬란한 꿈이 있는 곳이다. 세상의 풍파가 밀려올수록 단단해지고 싶다. 화자의 이러한 꿈은 "오로지 두드려야 푸른 노래가 펄떡거리는 심장이어서 바다는 그 손가락을 멈출 수 없는 것"으로 나타난다. 바다의 손가락은 화자의 열망이다. 그리고 고립되고 침묵하는 자리를 벗어나 실존적 의미를 찾는 행위이다. 우리는 침묵하며 흘러가는 존재가 아니다. 자신의 삶을 힘차게 연주하는 자로 태어나기 위해 화자는 바닷속 피아노를 생각한다. 화자 앞에 놓인 삶은 모호한 그림이어선 안 된다. 선과 색으로 칠해져 타자가 마음대로 재단하는 것을 거부한다. 화자는 이 세계에 던져진 삶의 역동성을 위해 "나는 나의 바다를 십 센티쯤 열어놓는다"라고 진술한다. 그리고 화자는 "흰 파도를 잡는 놀이에 빠져" 자신의 삶을 연주한다. 화자의 심장이 뛰기 시작한다. 그러자 피아노의 희고 검은 건반이 스스로 움직이기 시작한다.

> 스트라이프 양복을 긴 의자에 입혀 볼까
> 밤이 되면 왜 그는 얼룩말이 되는 걸까

〈

  줄무늬 엉덩이를 실룩거리며 거실에서 주방으로 쿵쿵 걸어다닌다 17층 아파트에서 초원을 찾다 보면 그릇이 깨지고 의자가 넘어진다
  의자를 다 부수고 나면

  얼룩말은 침대에 누워 평면을 꿈꾼다

  눈을 감고 침대만큼의 초원을 잘라온다 얼룩말이 그 작은 초원에 엎드린다
  얼룩말의 절반은 초원 밖에 있다

  저 아래 횡단보도를 초원으로 끌고 와야 한다

  횡단보도는 얼룩말을 꿈꿀까 초원을 꿈꿀까

  횡단보도에는 사람들이 자꾸 도착하고 아침이면 횡단보도에서 흑백 무늬를 밟고 얼룩말처럼 뛰어가는 사람들

                                                                        –「얼룩말」 부분

인간의 유전자에는 야생성이 남아 있다. 문명 이전의 평야나 초원을 달리던 야생이 내면에 존재한다. 문명사회는 우리의 야생성을 숨기고 있다. 위 시에서 화자는 "밤이 되면 왜 그는 얼룩말이 되는 걸까"라며 '그'를 관찰하고 있다. 우리 내면에 있는 역동적인 야생성을 구체적으로 보고 있는 것이다. 이 시에서 얼룩말은 견고한 문명 이전의 자유롭고 싶어 하는 인간의 본능이다. 인간에 의해 지금까지 길들여 지지 않은 야생성을 간직한 동물이 얼룩말이다. 얼룩말의 기표 속에는 문명에 얽매어 본능을 억제하고 사는 우리의 모습이 극명하게 제시된다. 생존을 위해 본능을 드러내지 못하던 '그'는 퇴근해 밤만 되면 야생성이 나타나 거칠게 뛰어다닌다. 위 시는 인간을 비인간인 얼룩말에 비유하여 은폐해 온 본능을 적나라하게 가시화한다. 문명의 제도에 묶인 낮과 제도로부터 해방된 밤의 분할이 시적 사유를 확장한다. 화자가 관찰하는 그는 "줄무늬 엉덩이를 실룩거리며 거실에서 주방으로 쿵쿵" 걸어 다니며 "17층 아파트에서 초원" 위를 뛰어다니는 그야말로 야생성의 존재이다. 오래된 야생성의 자유가 날벌레처럼 날아오른다. 야생성의 숨소리는 밤이 되면 더욱 거칠어진다. 아침이면 얼룩말처럼 뛰어가는 사람들로 끝없는 정글이 펼쳐진다. 결국 우리가 이룬 문명은 우리의 자유를 구속하는 존재이다. 화자의 눈에 비친 그는 문명이 던져주는 먹이를 먹기 위해 길들여져 있는 모습이다. 현재도 우리는 문명에 자유를 저당 잡히고 살아간다.

원도이 시인은 뛰지 않는 심장에 주목한다. 문명사회의 제도는 우리의 심장을 멈추게 했다. 우리는 생존을 위해 뛰지 않는 심장으로 현재를 산다. 이러한 삶이 계속되면 행복하지 않다는 것을 알면서도 생존을 이어간다. 사회의 질서는 폭력적이다. 제도 밖으로 벗어나게 되면 우리는 주거와 주식을 해결하기 힘든 상황을 만난다. 문명이 세련된 얼굴로 폭력을 행사하고 있다. 그리고 문명은 타자화된 욕망을 꿈꾼다. 타자화된 욕망은 우리의 심장을 뛰지 않게 한다. 시인은 자기 것이 아닌 욕망의 사슬을 끊고 싶다. 그 자리에서 붉어지는 심장의 시간을 즐기고 싶기 때문이다.

4. 은폐된 슬픔

레비나스는 "존재자는 순간 속에서 존재에 대한 지배를 행사하는데, 이는 현상학적 분석으로는 해명해 낼 수 없는 것이다."라고 밝힌 바 있다. 그는 순간 안에서 존재자는 자기와 자아의 결부라는 반성적 관계로서 출현한다고 본다. 레비나스가 순간 안에서 성립하는 주체를 그리고자 했던 것처럼 원도이 시인은 자기 안의 은폐된 슬픔을 드러내어 존재자의 성립을 시도한다. 바깥으로 드러나지 않은 안에 숨어 있는 슬픈 감정이 존재자의 위치이며 딛고 있는 지점이다. 세상의 모든 존재자는 세계 안에 있다. 세계 안에 있다는 것은 타자와 관계하고 있다는 의미이다. 사실 우리는 타자와의 관계에서 자신의 순수 욕망을 잊게 된다. 타자의 욕망을 자기 것으로 만드는 데 오히려 더 열중한다. 이것은 타자와 사물들에 집중하여 생기게 된 원인이다. 타자의 욕망으로 스스로를 정립하는 우리에게 은폐된 슬픔은 솔직한 자아의 모습이다.

시인은 자기를 찾는 여행을 시작한다. 내면에 웅크리고 있는 감정을 찾아내어 드러낸다. 감정을 촉발하는 행위는 존재론적 여행이다. 타자와의 부딪침에서 생긴 상처가 번져가는 것을 막기 위한 방어기제이다.

>   당신은 대부분 숨어 있죠 안쪽에
>   어디든 안쪽이어야 해요 거기는 당신이 가득해서
>   바람도 별도 부를 수 없어서
>   바람도 별도 찾지 않죠
>
>   집은 처음부터 컴컴했나요
>
>   당신에게 사나운 마음이 생기기 전에
>   당신을 꺼내서 말려야겠어요
>   바삭바삭한 큐벨쿠키처럼 오레오처럼 내 입속에서
>   당신이 비명을 지를 수 있도록
>   소리 지를 때마다 춤출 수 있도록
>
>   댄스댄스 도마 위에서 댄스댄스 한 몸이 되어
>   댄스댄스 슬픔을 잘라요
>   빨갛게 당근처럼
>   댄스댄스 양파처럼
>   〈

누가 당신을 춤추게 하나요

춤을 자르죠 울음을 자르죠
무뎌지도록 당신과 거리를 두고 싶어요
                    -「슬픔과 칼집」부분

  삶의 주체가 세상에 나와 겪게 되는 고통 때문에 우리는 슬픔을 느낀다. 어려움을 겪은 사람 앞에 슬픈 감정이 일어나지 않으면 우리는 비인간적이라고 말한다. 슬픔이란 인간이 느끼는 보편적인 감정인 것이다. 때론 나약하고 무기력하게 느껴지지만, 슬픔은 인간다운 감정일 뿐이다. 위 시에서 화자는 "당신은 대부분 숨어 있죠 안쪽에"라고 진술한다. 상처 입은 후의 슬픈 감정이 안쪽에 가득하다는 것은 좌절과 고통이 해결되지 않았다는 증거이다. 화자는 세상에 대해 "당신을 꺼내서 말려야겠어요"라고 방어적 자세를 취한다. 내면의 슬픔을 해결하기 위해 "댄스댄스 도마 위에서 댄스댄스 한 몸이 되어" 춤을 춘다. 춤은 슬픔을 잘라내는 행위이다. 그리고 슬픔을 진정시키고 내면의 상태를 점검하는 과정이다. 이처럼 더 나은 상황으로 '나'의 현재를 만들기 위한 화자의 노력은 적극적이다. 주체가 삶의 과정에서 만난 실패나 상처는 치유해야 한다. 가급적 빨리 상처를 털어내야 미래로 나아갈 수 있다. 그러므로 시적 화자의 상처를 털어내는 시도는 "춤을 자르죠 울음을 자르죠"처럼 단호하고 지속적으로 행해질 수밖에 없다.

롤랑 바르트가 말한 푼크툼은 코드화될 수 없는 상처이다. 원도이 시인의 시적 업적은 푼크툼으로 심장이 뛰는 방식을 발견한 것이다. 심장은 자신의 존재와 동일하다. 우리는 삶의 과정마다 특별한 감정에 의해 심장의 박동이 멈추거나 약해지는 것을 발견한다. 이해할 수 없는 불가해성으로 주체는 상처를 입는다. 인간은 상처받을 때마다 감정을 은폐하는 습성이 있다. 이러한 감정은 존재자를 위험에 빠뜨린다. 그리고 방치된 상처는 존재를 증명하기 위한 여행을 불가능하게 한다. 시인은 주체를 존재하게 함으로써 자신을 드러낸다. 감정을 보이지 않게 파묻거나 은폐하는 것은 자신을 타자화하는 것이다. 흔들림 없이 고정된 주체로 서기 위한 노력이 시편마다 영속성의 이미지를 만든다. 심장을 뛰게 하는 것이 푼크툼이다. 원도이 시인의 시적 푼크툼이 시차적으로 심장을 힘차게 뛰게 한다.